なぜ、あの人はいつも好かれるのか

本田 健

三笠書房

プロローグ……感情、考え、言葉、習慣——人間関係を好転させるシンプルな法則

個人セッションや講演、セミナーで、「必ず」と言っていいほど、よく聞くセリフがあります。

それは、「人間関係に疲れました」というものです。

「こんなに頑張っているのに評価されない」
「無責任な人に振り回されて、イヤになります」
「まわりから誤解されてしまう」
「自分だけ無視される」……

どんなところに疲れや不満、悩みを感じているのかは人それぞれですが、よく聞いてみると、大きく二つのパターンに分けられます。それは、

「自分のことを理解してもらえない」
「相手のすること、考えが理解できない」
ということです。そして、私たちの充足感、幸福感も、基本的にこの二つの感情、思いから生まれます。

一方で、こうした悩みや不満とはまったく無縁で、人から好かれる人、信頼を集めている人、才能を輝かせている人もたくさんいます。

彼らは、ふだんからどんな感情や考えを持ち、どんな言葉を発し、どんな習慣の持ち主なのでしょうか。

悩みや不満でいっぱいの人とは、どこが違うのでしょうか。

この本では、**「なぜ、あの人は好かれるのか」**という、誰もが知りたいと思っている、生きていく上での根本的なテーマを考えていきます。

つまり、**〈人間関係の秘密〉**を解き明かしていくのです。

私たちの対人関係は、実はとてもシンプルな法則で動いています。

人から、好かれる、共感される「ちょっとした習慣」を知り、実践していくにつれて、「もっとわかってもらいたい」「なぜ、あんなことをするのか、理解できない」という二つの悩みから自由になれます。

周囲への安心感が増して、お金や仕事がうまく回り始め、家族や友人との関係も、豊かで実りの多いものに変わり始めます。

また、なぜ自分がちょっとしたことでイライラし、動揺し、落ち込んだりするのか、なぜ〝あの人〟の存在、言動が癪《しゃく》にさわるのかがわかります。

困ったあの人との関係も、スッと解決していくでしょう。

〈人間関係の秘密〉を知るだけで、**「人と楽しくつながる」**生き方へと大きく方向転換できます。

そのサポートをしていくのが、この本です。

本田 健

もくじ

2章

「自分らしく」生きる

――ハートに「裏表がない」人は共感される

3章

「分かち合い」の心を大切にする

――「ひたむきな心」が人を動かす

4章

こんな「態度」をとっていないか

――「困ったあの人」にも理由がある

5章

「感情」を味方につける

――〝振り回される〟より〝賢く手なづける〟

6章

〝相手の地雷〟をうっかり踏まない

――あなたも知らないうちに〝困った人〟になっていた?

7章

この「ひと言」で相手の心を動かす

――「6つのマジック・ワード」で対人関係が変わる

まとめ

「いつも好かれる人」になる17の心得

THE SECRETS OF HUMAN RELATIONS

1章

相手を思いやる「想像力」をつける

――人間関係を「面倒くさく」しないために

「分け隔てがない人」のまわりに人は集まる

人に好かれる人の特徴の一つは、**「分け隔《へだ》てがない」**ことでしょうか。人に好かれる人は、ポジティブな人ともネガティブな人とも、社会的地位がある人ともない人とも、人間関係を上手に持っています。

相手がどこかの会社の社長でも、フリーターだったり、引きこもっていたりする人でも、変わらず普通に接しています。

こういう人には、「相手がこういう人物だったら、こう扱う」というようなマニュアルはありません。「一人の人間」として扱うので、相手も「大切にされた」と感じるのではないでしょうか。

興味深いことに、人間関係でトラブルを起こしやすい人ほど、自分の人脈の中で序列をつけています。自分より上の人には丁寧に接するのに、自分より下だとみると、ぞんざいに扱ったり、傲慢《ごうまん》な態度を取ったりするのです。

相手の〝共感ポイント〟を意識する

分け隔てのない人は、話をするときも、なるべく相手が共感できるポイントを意識しながら、

「この年代の人だったら、こういうことに興味があるかな」

「こういう職種の女性だったら、こんな話し方をすると響くかな」

と想像力を働かせながら、会話を進めていきます。

もちろん、彼らもはじめからそういうことができたわけではなく、いろいろな失敗を経て、そういう会話のスキルを身につけたのでしょう。

人間関係を上手に保つためには、**人を理解するための努力**も必要だということです。

私自身も誰かと話をするときは、相手のライフスタイル、価値観、信条などを細かく想像するように気をつけています。すると、おもしろいことに、自分も「人に理解

されやすくなる」ようです。

人間関係で起きる大きな問題の一つは、「聞いてもらっていない感じがする」ことです。特に、女性は、「男性に話を聞いてもらいたい」という強いニーズがあります。男性は、人の話を物理的に聞いてあげればいいと考えがちです。しかし、女性は話を聞いてもらうだけでなく、**「共感してもらいたい」**のです。

そして考えてみれば、共感してもらいたいのは、女性だけではありません。どんな人も、人に聞いてもらいたい、わかってもらいたいと感じています。つまり、誰にでも好かれる人になるための簡単な方法は、「人の話をじっくり聞いて、理解しようとする」ことなのです。

そのためには、**相手をそのままで受け止める**ことが、大事になってきます。どんな人とも普通に接することは、簡単なようでなかなかできません。ぜひ挑戦してみてください。

「自分のこと」ばかり話す人、まったく話さない人

人との関係性という視点で見たときに、人は大きく**「発信型」**と**「受信型」**の二タイプに分けられるようです。

発信型の人は、「自分はこう思う」と意見をはっきり言う人で、基本的に「自分は正しい」と思っています。

こういうタイプは、自分のことは延々と話すのに、「あなたはどう思うの?」と、相手がどう感じているのか聞かない傾向があります。

一方、受信型の人は、自分を表に出しません。そして、相手が何か「いいこと」を言ってくれるのを待っています。「自分からは発信しない」という生き方を選択しているわけです。

夫婦間でも上司・部下の間でも、この「発信型」「受信型」の力学が働きます。

どちらか一方が発信型で、もう一方が受信型だと、「こうしてほしい」と発信型の人が言っても、受信型の相手は自分の意見を言わなかったりします。

両方とも発信型で、いつもぶつかり合っているカップルもいれば、どちらも受信型でまったくお互いの意見を言わない上司・部下もいます。

「発信型」の人は講演家タイプ、「受信型」の人はカウンセラータイプとも言えるかもしれません。発信型の人は、もっと受信しなければいけないし、受信型の人は、もっと発信しなければ、一人の人間としてバランスが取れません。

受信しかできない携帯、発信しかできない携帯、どちらも使えませんね。それと同じことなのです。

相手の〝話題〟を上手に発展させる

人間関係にまつわる話を聞いていると、「相手にきちんと受信してもらっていない」と感じている人が多いようです。発信するのは得意でも、上手に受信することができていないのです。

会話は、いわばキャッチボールです。相手が何を感じているのかを聞いてから、自分の話をする。そして、言葉のボールがいい感じで行き来するようになると、楽しくなってくるのです。

つまり、**相手からもらった話題を発展させていけるようなセンス**が大事なのです。

ときどき、発信機能がパワフルなわりには、受信機能がそれほどでもない人がいます。こういう人は「空気が読めない人」と言われてしまいます。

「それを言ったら、おしまい」なひと言

受信型の人は「黙っていることが美学」と思っていることが多いようです。苦しくても、悲しくても、自分の感情を表に出さない、そこに美学を感じています。

そして、そんな自分の傍《かたわ》らで「あなた大変ね」と共感してくれるのが、人の道だろうと思っているのです。

でも、こういう人のパートナーは、そんな美学を、

「言ってくれないと、わからない」

といったひと言で片づけてしまったりすることが多いようです。

「あなたの美学が相手にとってはＮＧ」ということは、本当に多いのです。

「人間関係に関しては、自分の美学はまったく通用しない」と思っておくくらいで、ちょうどいいのかもしれません。


「黙っていることが美学」という人と対照的に、「言いたいことは、全部言うべきだ」という哲学の持ち主もいます。

でも、その哲学は、「相手の気持ちを察すること」や、奥ゆかしさ、慎《つつし》み深さを大切にしている人には通用しません。

彼らにとっては、「それを言ったら、おしまい」なことが、たくさんあるからです。

こうしたすれ違いは、どんな人との間でも起きています。

「ねぎらいの言葉」は出し惜しみしない

家族のために毎日、一所懸命に料理していたとしても、「おいしかったよ」のひと言もない。それどころか、家事が不十分だと文句を言われる。

連日、夜遅くまで仕事をしていたのに、「君は頑張ったかもしれないけど、結果を出していないからダメだ」と言われる。

こんな経験が、あなたにもあるかもしれません。

人間関係で難しいのは、「自分の努力」と「他人からの評価」が正比例しないことです。

つまり、**「頑張った分に見合う報いが得られていない」という思いが、「相手に自分のことを理解してもらえていない」と感じてしまう本質**です。

「これだけ尽くした、頑張った。だから、評価されたい」

そんな気持ちが、自分の頑張りに応じて増していくわけです。

そして「認めてほしい」という気持ちを受け止めてもらえないと、「私は評価されていない、報われていない」という感情が増殖していきます。

相手の〝やり場のない思い〟に気づく

「認めてもらいたい」「愛してもらいたい」「感謝されたい」という〝やり場のない思い〟は、家庭の中にも、職場の中にも充満しています。

夫は妻に、

「これだけ仕事で頑張っているのだから、ほめてほしい」

妻は夫に、

「家事も子育ても頑張ったのだから、ほめてほしい」

子どもは親に、

「勉強やピアノの練習もちゃんとやっているし、塾にもちゃんと通って一所懸命に勉強しているから、ほめてほしい」と思っているのです。それぞれ、「自分は頑張った」という気持ちが強い。

でも、他人は、

「手を抜いているとは思わないけれど、もっとできるだろう、これでは不十分」と思っている可能性があるのです。

今できたこと、頑張っていることに関しては、まったく評価されず、「できていないこと」について、あれこれ評価されるわけです。

これが、上司と部下の間、パートナーとの間、親子の間など、人との関係において起きる**感情の落差**です。自分はこれだけやったのに、その気持ちを受け止めてもらっていない。そのことがショックなのです。

「よく頑張っているね」――たったひと言でいい

たったひと言「**よく頑張っているね**」と言ってもらえさえすれば気分が晴れるのに、そのひと言をもらえないがゆえに、人は苦しむのです。

たとえば上司・部下の関係であれば、上司は部下の仕事の面倒を見ることで、部下は上司の指示をきちんとこなすことで、お互いの信頼関係を築いていきます。パートナーとの関係であれば、夫は、家族のためにお金を稼いでくるし、妻は居心地のいい空間をつくるために家事をするでしょう。

こうした日々の積み重ねは、**「人間関係の貯金」**とも言えるものです。

しかし、**このせっかく積み上げた「人間関係の貯金」は、相手へのねぎらいの言葉を忘れると、ごっそりと減ってしまう**のです。

どれだけ貯金があるか、よく残高をチェックしておきましょう。

「自分がしてほしいこと」を相手にしてあげる

「人間関係」では、誰かとの間で感じたことや学んだことを、即、他の人との関係に応用できます。

たとえば、自分が相手に「こういうことを、やってくれたらな」と思うときは、自分が相手にそのことを率先してやってあげる。反対に、「こういうことは、やらないでほしいな」と思うことは、相手にもしない。こんなことでいいのです。

「そのひと言を言われて、すごくうれしかった」言葉は、あなたも他の誰かにさっそくかけてあげましょう。

これまでに、あなたがもらった言葉の中で、「うれしかったひと言」を探してみてください。

次のページで、どんな言葉がうれしかったのか、具体的に書いてみましょう。

これは、あなたが人を喜ばせる際の「言葉のストック」になります。タイミングを見て、あなたの親しい人たちにベストな言葉をプレゼントしてあげましょう。

そして、言われてイヤだった言葉、不快に感じた言葉を思い出してください。どういう部分に自分がイライラしたのか、楽しくなかったのかを調べてみましょう。

これによって、あなたは、自分のどこに痛みがあるのかを理解することができます。

そうしたことを研究して、「人が喜ぶ言葉」をたくさんかけてあげてください。

ミニワーク

▼あなたが最近、言われてうれしかった言葉は何でしょう?
十個あげてください。

▼あなたが最近、言われてイヤだった言葉は何でしょう?
十個あげてください。

▼あなたがかけた言葉で、相手が喜んだ言葉は何でしょう?
十個あげてください。

▼あなたがかけた言葉で、相手が不快に感じた言葉は何でしょう?
十個あげてください。

いかがでしょうか。どんな言葉が出てきましたか？

女性がパートナーに言われてうれしかった言葉であれば、

「よく頑張ってるね」

「君はいつも魅力的で、優しいね」

「素敵だね」

などでしょうか。


もしかしたら、「どんな言葉をかけてもらったらうれしいか、わかりません」という人もいるかもしれません。

そういう人は、ふだんからねぎらいの言葉を言われていないのです。思い当たる人は、あなた自身から「こういうことを言われたい、言われたらうれしい」ということをパートナーに伝えていくことです。

また、ふだんから、まわりの人が喜んでくれそうな言葉を探しましょう。それは、宝探しに似ています。彼らが喜ぶ言葉を見つけて、プレゼントしてあげるだけで、あなたはまわりからもっと好かれるようになるでしょう。

何があっても「人のせい」にしない

人は、基本的に「自分の中にあるもの」しか感じられません。

「自分には価値がある」

「愛されている」

と思えば、自信を持って生きられます。でも、

「自分には価値がない」

「自分は愛されていない」

と思うと、相手のちょっとした言動がきっかけとなって、その思い、つまり「心の痛み」が出てきます。

誰かと話していてイヤな感じがしても、それは相手のせいではないのです。

ですから、人づきあいで何かイヤな思いをしたとき、**「人のせいにしない」**ことが

大切です。

私たちは日々、「なぜ、自分は理解されないのか」と悩みますが、実は自分のどんな部分を、どう理解してほしいのかを案外、自覚していません。

気遣いが細やかなところに気づいてほしいのか、いつも明るく振る舞っているところをほめてほしいのか……。

そこを自覚していないし、相手にもそのことを伝えていません。だから、「よくわからないけれど、なんだか拒絶された、愛されていない、大事にされていない、理解されていない」

という感情が荒れ狂う龍のように、のたうちまわるのです。

ひょっとしたら、パートナーが、

「いつもお疲れさま」

「いつも僕の健康のことを考えて料理をつくってくれてありがとう」

とひと言かけてくれたら、イヤな気分は一瞬にして溶けてしまうかもしれません。

なぜ相手の「ひと言」がそこまで癪にさわるのか

子どもの頃、

「お前はすばらしいね」

「本当に最高の子どもだね」

と言われて育った人は、全体の一%にも満たないと言われています。ほとんどの子どもは、周囲からネガティブなことばかり聞かされて育っているわけです。

ある統計によると、三歳になるまでに「危ない」「ダメ」という言葉を数万回も聞かされるそうです。「危ない」「ダメ」を何万回も聞かされていたら、

「この世界は、危ないところなんだ」

「自分は不十分なんだ」

という感覚が植えつけられて当然です。

そして、たくさんの「×《バツ》」が少しずつ自分の中にたまっていき、ついには「何かのきっかけ」で、突然噴出します。

「なんで、まだできていないの？」

「君さあ、なんで家事に手を抜くの？」

といった上司やパートナーのひと言で、一気に「自分には価値がない」「どうせ愛されていない」という思いに火が点《つ》くのです。

だから、イヤな気持ちになるのは**目の前の人が発した「そのひと言」が原因ではない**のです。

感情が荒れ模様になったときは「自分と向き合いなさい」というサインだと思いましょう。

そして、「人のせい」をやめて自分の感情と冷静に向き合えるようになった人から、人生も人間関係も好転していくのです。

フェイスブックの「いいね！」で自尊心を回復する人

先日、あるパーティに出たときのことです。フェイスブックを始めたばかりという人がいて、自己紹介のとき、

「フェイスブックを始めましたが、『いいね！』をまだ誰にも押してもらったことがありません」

と語って笑いを誘っていました。

まわりの人が、「ページ教えて！」と彼に駆け寄っていくのを見て、おもしろいなと思いました。きっと、その日から彼のページの「いいね！」は増えていくでしょう。

「いいね！」を押し合うというのは、とてもいいシステムです。なぜなら「自分を認めてもらった」感じがするからです。

人は承認に飢えています。

「よかったね」
「よくやった！」
「すばらしいよ」
「すごく頑張っている！」

と言ってほしいのに、そのひと言をもらっている人は本当に少ないのです。パートナーからも、親からも、会社の誰からも、もらっていないのが現状でしょう。

「できていないこと」を指摘されることはあっても、「頑張っていること、よくやっていること」をほめてもらえる機会はめったにないのです。

承認の言葉は、「心の食べ物」のようなものです。でも、「心の食べ物」をもらっていない人が多いので、職場でも学校でも家庭でも、みんな〝お腹がすいた状態〟でいると言ってもいいかもしれません。

だから、フェイスブックに限らず、「いいね！」ということを相手に言葉にして伝えられる人は、好かれます。

「ほめ言葉」をもっと気前よくプレゼントする

多くの人は「誰かが、もっと自分のことをほめてくれたり、認めてくれたりしてもいいのに」と思っています。

それは、ほめ言葉が「無料」だからです。

そして、「ひと言、『よくやっているね』と言ってくれさえすれば、いいのに。言ってくれないのは、みんなケチだからだ」と感じているのです。

パートナーが、「あなたは本当にすばらしいわ」「今日も君はキレイだね」と、朝起きたときも、家に帰ってきたときも、夜寝る前にも言ってくれたら、ハッピーで心が満たされるのにと感じています。

ですが、実際には、パートナーはそんな言葉をなかなか口に出しては言いません。

あなたはふだん、どれだけ人をほめているでしょうか？　本当に大切に思っているパートナー、子ども、両親、友人、仕事仲間に「ほめ言葉」をもっとプレゼントできるはずです。

このように、ほめ言葉をほとんどの人があげもしないし、もらってもいないのです。ほめ言葉をあげるのには、何のコストもかからないのに。

だからといって、「もっとほめてほしい」と率直に言える人はなかなかいません。

「人間関係」の問題は、実はそのほとんどが自分を素直に表現できていないことから起きています。

「わかってもらえない」「理解されていない」原因は、実は、あなた自身にもあるのです。なぜならあなた自身も、自分が何をどう感じているのかわかっていないし、わかっていないので相手に伝えられないからです。

「もっと認めてもらいたい、ほめてもらいたい」と伝えるのは、恥ずかしいことです。それ以前に、そういう感情を持っていることを自分で認めることすら恥ずかしいのではないでしょうか。

「自分を認めてほしい」感情を上手に届ける

私たちは人に認めてもらうことを求め続けています。これを**「承認欲求」**と言います。しかし、これまで見てきたように、これを上手に満たすのは、なかなか難しいものです。

そこで、いかにして**「承認欲求を健康的に満たせるか」**が人間関係において大切になってきます。

以前、ある有名なミュージシャンが、新作のＣＤのセールスが十万枚に届かなかったことで落ち込んだという話を聞いたことがあります。

「以前は百万枚も売れたのに……」と。

十万人に近い人がＣＤを買ってくれたという事実に対して、「以前と比べて減ってしまった」と思うのか、「今でも十万人が支えてくれている」と思うのかで、心の状態はまったく違ってきます。

ほとんどの人は、このようなとき「自分の価値が減った」と思ってしまいます。承認欲求は、気をつけないと「もっと、もっと」とエスカレートしてしまうのです。

次々に愛人をつくる人も、「仕事中毒」になる人も、「受け入れてほしい、認めてほしい」という承認欲求が強く、それを満たそうとしているだけなのです。

「人に認められなくてもいい」と達観できれば話は早いのですが、そういう「悟り」を開ける人は、ごくごく少数でしょう。

「人にほめられたい」「感謝されたい」「愛してもらいたい」

それらは、年齢にかかわらず、どんな人でも抱く感情です。

先日、事業で成功を収めた九十代の人に会いましたが、何げないことでほめると、とても喜んでいました。九十代の人でも、ほめられたらうれしい――それほど承認欲求は強いのです。そして、自分の承認欲求をかわいく、健康的に満たしている人は、ストレスがありません。生き方がスッキリとしていて、好感度も高くなります。

では、自分の承認欲求とうまくつきあっていくために、具体的にどのようにしていけばいいのでしょうか。

“照れくさい言葉”の力

まず大事なのは、自分が承認欲求を持っていることを認めることです。

でも、これはとても恥ずかしいし、照れくさい。

パートナーに対して、「私のこと、好き?」「私って、キレイ?」「僕のこと、大事に思っている?」とは、口が裂けても言いたくないものです。

このひと言を口にできれば、関係は一気に深まるのに、その言葉を口にしたときの恥ずかしさを感じたくない。

だから「私のこと、好き?」と聞いたらきっと受け取れるはずの「あなたのこと、好きよ」という承認の言葉(愛)を受け取らずに頑張っているのです。

私は、この大切なひと言を言う練習を、いろいろな人にお勧めしています。

私のセミナーでも、一番盛り上がるのが、この「承認欲求を満たす言葉をパートナーに投げかける」というワークです。

これは夫婦のコミュニケーションが上手に取れるようになるためのワークでもあるのですが、これまで感動的な瞬間に何度も立ち会ってきました。

私たちは、本当は感謝を伝え合ったり、ほめ合ったりできるのに、実際にできている人は少数です。一番の原因は「気恥ずかしいから」だと思いますが、それさえ乗り越えれば、美しい世界が見えてくるでしょう。

人間関係を大きく進めるのは、ちょっとした勇気です。恥ずかしいけれど、小さなリスクをぜひ取ってください。

THE SECRETS OF HUMAN RELATIONS

2章

「自分らしく」生きる

――ハートに「裏表がない」人は共感される

もっとダイナミックに「自分」を表現してもいい

「人に好かれる人」はどんな人かと考えたときに、「表と裏」がない人、真剣に生きている人、気配りができる人、共感してくれる人など、いろいろなタイプの人が思い浮かぶと思います。

中でも、**自分らしく生きている人**、そして**感情を自由に表現できる素直さとオープンさを持つ人**に、多くの人が人間的魅力を感じ、素敵だと感じます。

人前で泣いたり、笑ったり、感情を自由に表現したいと心では思っていても、実際に表現できる人は少数です。だから、それが自由にできている人を見ると、すごいなと思うし、自然と共感してしまうのです。

「この人いいな、応援したいな」と人が思うとき、外見は、あまり大きく影響していません。

歌がそれほどうまくないのに人気のある歌手、ハンサムや美人でもないのに人気が出る俳優がいますが、そういう人は間違いなく**ハートがオープンな人**です。

「その人らしさ」が光っていて、愛がいっぱいで、感動屋で、傷つきやすい部分も隠さない――喜怒哀楽の感情を包み隠さず語れる人というのは、やはり好かれるのです。

これは、どの世界でも一緒です。その人がアーティストであれ、ラーメン屋の主人であれ、**ダイナミックに自分らしさを表現している人**を人は好きになってしまうのです。

あなたが、人に好かれたいと思うなら、自分のハートをオープンにして、自分を表現することを心がけてみてください。

「壁を乗り越えていく姿」に、人は感動する

人は、誰かの熱いところ、愛情いっぱいなところを見ると、その誰かを好きになるようになっています。「その人と一緒にいると得をしそうだから」ということでは、

決してないのです。
たとえば、フィギュアスケートの浅田真央選手やスキーモーグルの上村愛子選手のことを、多くの人が好きになるのは、彼女たちの「ひたむきさ」に感動するからです。「ずっと順風満帆《じゅんぷうまんぱん》」というわけではなく、さまざまな試練にあいながらも立ち上がる姿に、人は感動し応援するのです。

私がこれまでのオリンピックで感動したのは、長野オリンピックのスキージャンプ団体で原田雅彦選手が跳んだときです。
一本目のジャンプで記録が伸びなかったとき、みんなメダルはもうダメだと思いました。しかし、次のジャンプで奇跡の大逆転。見事、金メダルを獲得しました。あのシーンを見て涙した人も多かったでしょう。

また、ロサンゼルス・オリンピックで、柔道の山下泰裕選手が足のケガをおして出場した決勝戦は心に残っています。対戦相手のラシュワン選手は、山下選手のケガのことを知りながら、武士道に則《のっと》って、ケガしたところを攻めなかった。

結局、山下選手が金、ラシュワン選手は銀メダルになりました。あのシーンを見ていた人は、今も感動を忘れられないことでしょう。

強い人がただ勝っても、そこまで感動しません。

そういった意味では、「もうダメだ」というところを乗り越えたり、逆境から復活したりすることに、人は感動するのです。

「感動」は感情のカタルシスです。

あなたが、ただ退屈な毎日をこなしているだけなら、何の感動もありません。

おもしろい人生を生きたければ、リスクがあると感じることをやってみるといいでしょう。

いつも「ニーズ」がむき出しな人

誰しも、心の中に、

「好かれたい、愛してもらいたい」

「感謝されたい」

「尊敬されたい」

「男性として（女性として）魅力的な人と思ってもらいたい」

という思いを持っています。

でも、そうした思い、つまり「ニーズ」を表立って口にすることは、はばかられます。言いたいけれど、公にするわけにはいきません。

尊敬されたい、感謝されたい、格好いいとほめられたい、セクシーな人と思われたい……人によって「ニーズ」はそれぞれです。

“俺ってすごいでしょ”は、ほどほどに

先日、家族でレストランに行ったら、私と同年輩の男性が、若い女性と二人で食事をしていました。放送業界の人のようでしたが、延々と自慢話をしていました。

「すごいですね」

という三分に一回くらいで入る彼女の見事な“よいしょ”も手伝ってか、「いかに俺はえらいか、すごいか」「俺は毎晩、こんなリッチな店で食べているんだぜ」ということを延々と話しているのです。

尊敬されたいがゆえに、自慢はするわ、高価なワインは頼むわ、絵に描いたようなバブリーな人でした。「いい加減にしなさい！」と立ち上がって言いたくなるくらい、自慢が続きました。

せっかく家族と食事を楽しもうと予約していたレストランだったのに、このとき私

はまったく楽しめませんでした。

思い返せば、その男性の「俺ってすごいでしょ」「もっと尊敬して」という様子を見たり、エネルギーを感じたりするのが、いたたまれなかったことに気づきました。

あれだけ自分の「ニーズ」をむき出しにされたら、誰もが嫌悪感を覚えるでしょう。もちろん、私の中にも同じような「ニーズ」があるから、特に強く反応してしまったのだと思います。

あなたも〝痛い人〟になっていないか

「私のことを認めて！」というニーズをむき出しにした振る舞いをしていると、いわゆる〝痛い人〟になってしまいます。

誰も、〝痛い人〟にはなりたくありません。けれども、自分のニーズは満たしたい。この感情の綱引きが、ほぼすべての人間関係で起きるのです。

そして、遠回しに「自分のこと、すごいって言ってね。認めて！」と言われると、ほとんどの人は辟易《へきえき》とします。

「この上司、ほめてほしいんだろうな」「あの人は仕事ができるとアピールしたいんだな」と思うと、急にその人に対して、「その程度の人なのか」と醒《さ》めた目で見てしまいます。

こういう〝痛い人〟にならないためには、たとえば、「自分はこういうことをやっている」とサラッと言って、「認めてもらった」と思ったら、その話はそこで切り上げることです。

これが上手にできるようになると、好感度が高くなっていきます。

「余裕のないとき」ほど人格がテストされている

ほとんどの人は自分の「心の渇《かわ》き」に対処できず、悶々《もんもん》としています。自分の「心の渇き」に無自覚で、ネガティブな感情を他人にぶつけていては、人間関係がうまくいくはずがありません。

たとえば社長が、部長とその部下を「このプロジェクト、すごいね。よくできている」とほめたとします。

そのアイデアは部下が出したものであったとしても、もし部長の心が渇いていたら、部長は「あれは僕が思いついたんですよ」と言ってしまうかもしれません。

自分が「認められたい」という気持ち、心の渇きが部長にあったら、部下のことをかまう余裕はないわけです。

そして、自分の手柄を部長に取られた部下は、「何、この人?」と上司への信頼をなくしてしまいます。

一方、もし部長が心の渇いていない人で人格者だったら、たとえ自身のアイデアであったとしても、

「いや、実は部下が天才的なアイデアを思いつきましてね」

と手柄を上手に譲ってあげられます。そして、名指しされた部下は、「この上司に一生ついていこう」と思うでしょう。

〝時間に追われているとき〟に穏やかでいるには

「心の渇き」は、パートナーとの関係にも大きな影響を及ぼします。

家事や小さな子どもの世話に時間を取られ、仕事もしていて、毎日、時間に追われるようにしている女性が、パートナーに「ところで僕の着るものは、どこにあるの?」と言われたら、どう思うでしょうか。想像してみてください。

女性は、「自分で探せばいいでしょ。五歳以上の人は、自分のことは、自分でしてください！」と激怒するかもしれません。

もし、彼女に心の余裕があったら、パートナーの子どもっぽいニーズに応えてあげられますが、日々の忙しさに加えて心が渇いていれば、それができないのが普通です。

こうした会話が続くと、カップルの関係にもひびが入りかねません。

人間関係を実り豊かなものにするには、自分のストレス度や心の渇き具合に自覚を持つことが必要です。そして、悶々としたネガティブな感情を不用意にぶつけないよう、気をつけることです。

余裕のないときにも相手を思いやれるか、すべての人が試されています。

それは、年齢に関係ないし、収入、社会的地位にも関係なく、「人間関係の質」を決める大事な指標なのかもしれません。

会うと「元気」をもらえる人

人間関係は、マイナスに作用すると、エネルギーの奪い合いになってしまうことがあります。

これは誰しも体験していると思いますが、会うとなぜか疲れる人と、逆に元気をもらえる人がいます。

あなたからエネルギーを奪おうとする人に対しては、あなたも負けじと「取られてはいけない、取り返せ」とばかりに、攻撃的になってしまうかもしれません。

たとえば、自慢することに忙しくなったり、ネガティブな議論が止まらなくなったり、イヤな空気が支配するようになったりしたら、攻撃的になっている証拠です。

すでにその人との間に〝戦争〟が起きているのです。

自分のことを認めてほしい、話を聞いてほしい、ほめてほしいというニーズが先に立ち、相手からもらおうとばかりすると、こういうことが起きます。

「与え合う関係」と「奪い合う関係」

友情は、二人が与え合おうとしないと、うまく成立しません。

一緒に成長できて、長続きする人間関係は、エネルギーのやり取りが、お互いを高め合うことにつながります。その人と一緒にいると、インスピレーションがどんどん湧いてきたり、楽しくなったりします。

何か特別な話をするわけでもないのに、ワクワクしたり、気分がよくなったりするとしたら、それは相性がいいのと、お互いに与え合える関係があるからです。

誰かと会ったときに、そういった楽しい感覚があると、「もう一度会いたい」と思えるような関係になります。

あなたが出会う人に「一緒にいると何だか楽しい、ワクワクする」と思ってもらえると、人間関係は豊かに広がっていくのです。

一方で、一緒にいると、イライラしたり、苦しい感じがしたりする人もいます。こういう人とは、一緒に時間を過ごしても、お互いを高め合うことはできません。逆に、エネルギーダウンしたり、イヤな気分になったりすると思います。あなたにもそういう体験があるのではないでしょうか。

相手が一方的に話をしたり、「何かをしてもらって当然だ」という態度を取ったりすると、一緒にいても楽しくなくなります。人のいい人は、そういう相手とも、分け隔てなくつきあったりしますが、結局、ひどい目にあったりするものです。

人間関係を持つときには、お互いを高め合える関係なのか、そうではないのか、見極めたいものです。

人の言葉を「裏読み」しない

客観的に見ると「中立的な言葉」でも、人によって受け取り方はさまざまです。

たとえば上司が「君は仕事をよくやっているね」とほめたとします。上司はほめているつもりですが、相手がネガティブな人であれば「皮肉」と取ります。

「この程度の仕事で、ほめられるはずがない」

「この人は『お前なんかダメだぞ』ということを、あえて遠回しに伝えることで、私を発奮させようとしている」

と受け取る人もいます。

一方で、「よくやっているね」と言われて、「ほめられて、うれしい」と思う人もいます。

言葉を受け取る人の**「心の状態」**によって、言葉の受け取り方も違ってくるのです。

そして、人に好かれる人は、自分の「心の状態」を整えることに気を配れます。

心が疲れている人は、何でもネガティブに取りがちです。

たとえば「君、最近よく食べるね」とパートナーが言ったとします。すると女性は、

「最近、太ってきたから、ダイエットしろと言っているのかしら」

と、「裏読み」を始めます。彼は、そんなことは言っていないし、考えてもいないのにです。

人の言葉の「裏読み」が自動的に始まったら、心が疲れているサインです。

「君はよくやっているね」

というひと言は、素直に聞けば、ほめ言葉です。しかし、裏読みをすると、

「バカにされた」

と思ってしまい、逆ギレして反撃に出たりします。逆ギレできない人は、自分に怒りを向けて、内側にネガティブな思いをため込むことになってしまいます。

相手の言葉を「ネガティブに翻訳」しない

私たちのほとんどが、誰かにネガティブなことを言われるのではと、いつも恐れながら生活しています。

心の平安を保つには、相手の言葉を、必要以上にネガティブに解釈しない、勝手にネガティブに翻訳しないことが大事です。

実際、まわりの人は、あなたが思うほど、あなたのことをネガティブに思っていません。実のところ、多少化粧のノリが悪くても、髪が完璧にまとまっていなくても、洋服のコーディネートがバッチリでなかったとしても、本人以外は誰も気にしていないのです。

しかし、自分の思う通りになっていないとき、人はものすごくイライラしてしまいます。

同じように、自分のことを大切に思ってもらっていない、感謝されていない、評価されていないと頑《かたく》なに信じている場合は、まわりがどれだけポジティブなことを言っても、そのメッセージが心まで届きません。

「心配のドラマ」の脚本をつくらない

自分に対する嫌悪感が強くなったり、落ち込んだりしたとき、ひょっとしたら**自作自演のネガティブゲームにはまっていないか**をチェックしてみましょう。

実際にまわりの人に確かめたら、みんなはそんなに自分のことをネガティブにとらえていなかったということがよくあります。

心の中で〝ネガティブな想像のドミノ倒し〟を起こさないことです。

一つマイナスのイメージを持つと、悪いほう、悪いほうに想像がふくらみがちです。次から次へとイメージをふくらませていく才能は、クリエーターとして使えば、すばらしい作品を生み出すことにつながるでしょう。でも、多くの人は、自分の人生が最悪になっていく、「心配のドラマ」の脚本をつくるのに使ってしまっています。

イメージをふくらませる才能は、**「これから自分の人生がおもしろくなるとしたら、どうなるのか」**を想像することに使いたいものです。

上手に「弱音」を吐く

ポジティブな人はネガティブな人と比べると、人から認められ、応援されやすい部分があるかもしれません。

ネガティブな人は、必要以上に「わかってもらえない、理解されない」と感じやすいようです。しかし、一見悩みがなさそうなポジティブな人も、別のところで悩んでいます。

それはたとえば、「もっと、できるのではないか」「もっと、よくなれるのではないか」というところです。

自分が「いい線をいっている」のはわかっているのですが、

「この程度の成功では許せない」

「もっとできるはず」

と思ってしまうのが、ポジティブな人がはまりやすい〝苦しい地獄〟なのです。

「もっと楽しくなくちゃいけない」

「もっと結果を出さなくちゃいけない」

と考え出すと、「今やっていること」が楽しめなくなってしまいます。

会社でヒット商品を連発しても、注文をたくさん取ってきても、満足できない。自分たちはよくやっている、優秀だ、と喜んでいいのに、

「なぜ、もっとできないんだろう」

という感覚のほうが強くなってしまうのです。

「自分は評価が低い」と思って必要以上に落ち込むのも、「こんな程度ではダメだ。もっと頑張らなくちゃ」と思うのも、実は同じように大変なことなのです。

「悩みがないように見える人」も悩んでいる

先日、講演会である人が、

「うちの社長は元気すぎるから、寝ているスキに血を四〇〇cc くらい抜きたいです」

と冗談めかして言ったら、その社長のことをよく知る参加者の面々が拍手喝采《かっさい》して、大いに盛り上がったことがありました。

ポジティブな人は、端から見ると「元気すぎる」のです。

なぜ彼らが元気かというと、「元気でないといけない」と思っているからです。そして、無理をしてでも頑張ります。

たとえ疲れていて、つらくても、「まわりを励ますのが自分の役割」と思っているので、必要以上に元気に振る舞ってしまうのです。

ですが、それだけ頑張っている割には、まわりからねぎらわれてはいません。

「社長にはついていけません」

「もう苦しいんです」

「ウツになりそうです」

そんなふうに文句や泣き言を言われることは、よくあるかもしれません。

でも、

「社長が優秀なので、うちの会社はすごいです」

「社長のおかげで、僕はこんなに成長できました。感謝しています」

と言われることは少ないはずです。


ポジティブな人は一見、悩みがまったくないように見えますが、実は「報われていない」「ほめてもらえない」と感じているのです。

あなたもポジティブな人をねぎらってあげましょう。すると、「実は、自分だって頑張っているんだ」という本音をちらっと見せてくれるかもしれません。また、「自分のことをわかってくれる」相手として、あなたのことを好きになると思います。

そしてポジティブな人は、一人で頑張りすぎるよりも「疲れた」「ねぎらってほしい」という本音をチラッと見せられるようになるといいですね。

そういうかわいらしさが出せるようになると、もっとまわりから愛されるようになるでしょう。

こまめに「感謝の気持ち」を表わす

多くの人が「自分は頑張っているわりに、報われない」「ここまでやってあげているのに、この人たちはその恩をまったく忘れている」と感じながら生きているものです。

たとえば、上司に食事をごちそうしてもらったときに、その場でお礼を言うのはもちろんですが、のちほどお礼の気持ちをちょっとした形にしたりして、感謝の気持ちを表わすこともできます。でも、それをする部下は少ないものです。

上司が部下に目をかけた度合いを十とすると、部下から返ってくる「感謝の思い」はだいたい、二割か三割といったところでしょうか。

中には、「三％くらいかな」と言う人もいます。百あげても、三しか返ってこなければ、上司の中に、「何も返ってきていない」感があるのは当然でしょう。

たとえ見返りを期待せずに相手の面倒を見たり、気にかけてあげたりしても、感謝のひと言すらなければ、寂しいものです。これは、部下が上司のために気をきかせて何か行動したときに、上司から何もほめられなかったり感謝されなかったりしたときも同じことが言えます。

自分が取った行動を百として、五十、六十も感謝の言葉、気持ちが返ってきていれば、それは非常にいい関係です。慕《した》い合い、支え合っている関係と言えるでしょう。

私たちは、相手との間で「閻魔帳《えんま》」をつけています。「収支決算書」と言ってもいいかもしれません。

「どれだけ与えて、どれだけ返してもらったのか」を心の中で記録しており、たいていの場合、その収支は貸し出し超過になっています。

そのため「自分が十もやってあげたのに、なんでこの人は三しか返さないんだろう」という苦々しい思いがたまっていくのです。

だから、何となく不満で、自分は理解されていないと思うのです。

そして、「出しているより、多くもらっている関係」は、実はすごく少なくて、ほとんどの人は、二～三人いるかどうか、という程度かもしれません。だから心が渇き、満たされないのです。

それを満たすには「愛」と「承認」が必要です。

でも、たとえもらっても、それがニセモノだったら、心はもっと苦しくなり、さらに「愛」と「承認」を求めてさまようことになるのです。

パートナーに「もっと家にいてほしい」と思ったら

男性がバーなどに行ってちやほやされても、延々と自慢した後に「すごいですね」とたとえ百万回言われても、承認された感じをあまり持てないのは、それがニセモノばかりだからです。

社会的な地位やお金があると、みんなが認めてくれやすいでしょう。しかし、そうしたことでほめられても、実のところ心の渇きや飢えはほとんど満たされません。だから、さらに仕事にのめり込んでしまうのです。

憑《つ》かれたように仕事をする人には、こういう心理的なカラクリがあったのです。

いったん仕事で頑張るパターンにはまると、なかなか抜け出せなくなります。それは数字が上がれば、ちょっとワクワクしてくるからです。

自分では、気合いを入れて、実績を上げ、ビジネスを成長させることが幸せだと思っていたのに、「ニセモノの承認」とは気がつかずに頑張っていたなんて、寂しい話ではないでしょうか。


もし、あなたのパートナーが〝仕事で頑張るパターン〟にはまっていて、「もう少し家にいてほしい」としたら、どうすればよいでしょうか。

それは、仕事ばかりで家庭のことをかえりみないことに対して文句を言ったり、グチを言ったりするのではなく、とことんほめて承認してあげることです。

「あなた本当にすごいわね」

「仕事ができる男性って、格好いい！」

「バリバリやっているのが素敵！」

そうやって「ほめ殺し作戦」に出てください。

そして、相手がいい気分になった頃合いを見はからって、

「でも、もうちょっと、あなたが家にいてくれたら、私も子どもたちもすごくうれしいんだけど……」

とかわいく言ってみればいいのです。

そうすると、仕事で得ている以上の承認を家で得られるかなと思うので、「家にもっといたい」と思うようになるでしょう。

3章

THE SECRETS OF HUMAN RELATIONS

「分かち合い」の心を大切にする

――「ひたむきな心」が人を動かす

「利他」の心で動く人は信頼される

人は誰でも、他人から応援されたい、好かれたいと思うものです。

そして、まわりの人から応援される人、好かれる人は人間関係が円滑で、ストレスなく日々を過ごしています。

では、そういう人間になる・ならないの差は、いったいどこからくるのでしょうか。両者の特徴をいくつかあげたいと思います。

まず、行動するときに、それは**「自分の利益」だけを考えているのか、「人の利益」も考慮に入れているのか**の違いがあります。自分の利益のためだけに何かをしようとする人と一緒にいても「何か奪われそうな感じ」がします。そして一緒にいても、あまりワクワクしません。

一方、魅力を感じる相手というのは、自分の利益に関係なく、「誰かのため」に何かを一所懸命にやっている人です。

私は十代の頃から、いろいろなボランティア活動に関わってきましたが、そのときに自分の人脈は大きく広がったと実感しています。たとえば、ボランティアで講演会をしたときには、いつもすばらしい人たちにたくさん出会えました。

チャリティのイベントなどには、人間的にすばらしい人たちが自然とたくさん集まります。その多くが、**自らの時間やお金を費やして、「大切なこと」のために奉仕しよう**というメンタリティでいます。

そういう人は、何をやっても、まわりから応援してもらいやすいのです。

「無私の人」を見ると人は応援したくなる

私の知っている人で、特に印象深いのは、東京に住んでいるある牧師さんです。彼は「本当に助けなければならない」と思ったら、とことん、その人のために尽くします。

たとえば、自殺を考えるほど悩んでいたり、経済的に困窮《こんきゅう》していたりする人がいたら、文字通りどこにでも飛んでいきます。東日本大震災のときも、私財を投げ打ち、炊き出しに協力していました。

彼はいつも口グセのように「神様が何とかしてくれる」と言っていますが、何とかならないときには、支援者からお金が自然と集まってきて、結局、何とかなってしまうのです。

経済的には綱渡りでも、まわりからの応援や支援を得て、精神的には実に豊かな人生を生きています。

人を喜ばせたい、人の役に立ちたいという動機で何かをやっている人は、輝いています。誰かのために努力するひたむきな姿勢は、多くの人の共感を呼びます。

人間的魅力にあふれた彼らを見て、自然に「なんとかしてあげたい」という気持ちが湧いてくるのです。

このように、「自分を忘れて何かのため、誰かのために尽くす人」は、応援を集めやすいと言えます。

自分の「才能」を輝かせる

　また、**自分の「才能」を最大限に輝かせている人**は、すばらしいと無条件に賞賛され、応援されるようになります。

　たとえば、大リーグの選手、世界的なダンサーや歌手は、人よりずば抜けた才能を発揮しています。その才能に触れた人は、惜しみなく彼らにエールを送ります。オリンピックで活躍した選手の真摯《しんし》な姿を見て、感動したことがある人は多いでしょう。

　私たちは、才能がある上に、努力して結果を出した人たちを自然と尊敬し、応援したいという気持ちになります。

　人に好かれ、応援される人は、みんな努力しています。たとえ才能があったとしても、たいして努力をしていない人には、誰も共感しないのです。

才能をどうやって見つけるのかは、私のこれまでの著作シリーズに詳しく述べましたが、簡単にお話ししておきましょう。

才能とは、その人がごく自然にできることです。努力しなくても、上手にできてしまうこと、それが才能です。人を喜ばせたり、楽しませたりできるのも才能です。それをやっているだけで、本人が幸せになったり、まわりの人もワクワクさせてしまうようなことも才能です。

どんな人にも才能は眠っている

才能は、どんな人にも眠っています。しかし、それを上手に見つけて磨ける人は、残念ながら少数派です。

なぜなら、多くの人は、自分には才能と呼べるほど大それたものは何もないと感じていて、最初から探しもしないからです。

人前で話す、上手に説明する、料理をする、人を紹介する、そのすべてが才能です。

才能とは、世界記録を打ち立てるような派手なものでなくても、その人の人生をおもしろくさせるようなものだと考えてみてください。

たとえば、ある保険のトップセールスマンは、「犬に好かれる」という才能が、人生の可能性を開く突破口になりました。飛び込みセールスで訪れた家で、誰にでも吠《ほ》える犬がその人になついたのを見て、「この人はいい人だ」と思ってもらい、家にあげてもらいました。その後、犬の話で盛り上がり、その家のおばあちゃんと契約できたそうです。

犬に好かれる才能だけで、食べていくことはできないかもしれませんが、人の信頼を勝ち得ることはできるのです。

そうやって、おもしろい才能をいくつも開花させていくと、今までとはまったく違う人生になっていきます。

あなたが、普通の人生以上の何かを望むなら、自分の才能を見つけて、それを発揮して生きることは、不可欠です。ぜひ、未開発の才能を探してみましょう。

「人柄」を磨く

「人柄」も、人に好かれるために重要な要素です。

人柄がすばらしくて、**「一緒にいて楽しい、癒される、何だか元気になる」という人**は、応援され、愛される傾向があります。

そして**「人柄を磨く」ための簡単な方法は、筆まめになること**です。

メールでも手紙でも、何でもいいのですが、とにかく人とのコンタクトの回数を増やしてください。

「経営コンサルタントの神様」と言われた舩井《ふない》幸雄さんは、「コンサルタントは一日三通ハガキを書くといい」と言っていました。

そうやって、出会った人にこまめにハガキを書けば、必ず好印象を持たれます。

私は本ができると、いろいろな人たちに献本していますが、パーティで会ったときに「いつも献本ありがとうございます」と言われます。何かもらったのに、お礼を伝えられていない場合、感謝と恐縮の気持ちを持つのは、どんなに偉い人でも同じです。高価な物でなく、たとえそれが手紙やハガキでも、相手から何かをもらって返していないと、「申し訳ない」と感じてしまうのは、人間の心理です。

そして、**人は、「何かをもらった」と感じる相手には、必ず「返してあげたい」と感じるもの**です。

私のまわりで成功している人たちは、献本へのお礼の返信がとても早いのが特徴です。しかも、そのお礼状のほとんどが「手書き」です。

それを見るたびに、頭が下がる思いがしますし、こちらも、微力ながら応援したいという気持ちにさせられます。

相手の〝すばらしいところ〟を受け止める技術を磨く

もう一つの簡単な「人柄を磨く方法」は、**人をほめる**ことです。その人のやっていること、あり方などを上手にほめてあげると、とても喜ばれます。

でもこれが、思ったよりも難しいのです。

相手の容姿、持ち物、洋服を大げさにほめればいいかというと、そんなに単純ではありません。下手にほめると、おもねっているような印象を与えますし、お世辞を言っているようにも聞こえます。

「とっても素敵な雰囲気を持っていますね」「洋服のセンスが素敵ですね」「笑顔がすばらしいです」といった言葉なら、比較的、受け止めやすいのではないでしょうか。

相手のネクタイやスカーフなどを、さりげなくほめるのも安全です。その他、「声がきれいですね」といった言葉も、言われてうれしい言葉ではないでしょうか。

「きれいですね」「美人ですね」「イケメンですね」などの言葉は、相手を自意識過剰にさせたり、お世辞を言ったように取られたりしかねないので、避けたほうが無難です。

相手のすばらしいところを受け止め、それを上手に表現する技術をぜひ磨いてください。

「雑用」こそ〝運を上げるチャンス〟

また**「いつも一所懸命に頑張っている人」**は応援されます。

「汗をかいている人」は、誰しも応援したくなるものです。

たとえば、一所懸命にラーメンをつくっている人、道路で汗だくになって工事している人、重い荷物を運んでいる人。

佐川急便のドライバー「佐川男子」が一時ブームになりましたが、彼らを応援してしまうのは、重い荷物を頑張って運んでいる姿に感動するからでしょう。

「汗を流しているだけですごい、格好いい」となるのです。

特に、**雑用を丁寧にやることは大事**です。

役職の高い人がパーティなどの際に、イスやゴミを片づけていたりすると、「そんなことまでやってくれるの」とまわりの人はみんな感心します。

自分に才能らしきものが見つからないうちは、ここからスタートするのもありです。面倒くさいこと、汚いこと、人に嫌がられるようなことを率先してやれる人になれば、それだけで「応援される人」になれるからです。

「面倒な作業」ほど自分から手を上げる

誰もが嫌がる仕事を率先してやることは、職場で運をよくする一番手っ取り早い方法です。

どの職場にも、必ず人が面倒くさがったり、敬遠したりするような業務があります。それを進んでやることができる人は、必ず評価されます。

そして、そういう業務をあてがわれたときは、自分の不運を嘆く代わりに、「運を上げるチャンスがやってきた」と、喜ぶべきです。

これからの人生で、どこに行ったとしても、雑用、面倒な作業があれば、率先してやっていくことをお勧めします。

なぜなら、その仕事をやることは、あなたに運をもたらすからです。

今、評価されているトップの多くは、不遇な時期を必ず体験しています。そこで、めげずに明るく振る舞ったり、まわりを励ましたりした過去を持ちます。

逆境でめげない精神力と、復元力は、高く評価される素質です。

これからの人生で、面倒くさいこと、汚れ仕事を見つけたら、自分の男（女）を上げるチャンスだと喜んでください。そして、それをニコニコしてやりとげたら、あなたはまわりを驚かせることになるでしょう。

そうやって、まわりの人を喜ばせる人物になれば、きっとあなたは、今とは違った評価をされるはずです。

「悪口」と「グチ」は言う相手を選ぶ

悪口を言わない――これも「応援される人」になるために、とても大事なことです。

悪口を控えたほうがいいのは、それを聞いた人が「こういうことを言うのなら、この人は、陰で自分のことも悪く言っているんじゃないの?」と思うからです。

悪口を言えば、自分はスッキリするかもしれませんが、あなたの評価を落としてしまいます。

そして、人の悪口を聞いて楽しい人は、そういません。何となく気まずい感じがしたり、イヤな後味が残ったりします。そして、悪いことをしたようなバツの悪さも感じるでしょう。

それは、すべてあなたの運を落とします。

だから、なるべくなら、人の悪口は言わないほうが、無難です。

もし、それができるなら、あなたは「信頼のおける人物」として、まわりから評価されるでしょう。

「自分にだけこっそり」グチを言ってくれたと思わせる

しかし、親友やパートナーに対して、人の悪口をひと言も言わなければ、「人間として、とりつくしまがないな」と思われてしまうことがあります。奥さんや親友としては、グチくらいは言ってほしいものだからです。

ふだんは絶対に人の悪口は言わないのに、自分にだけこっそりグチや悪口を言ってくれると、とてもうれしく感じるものです。それは、**自分にだけは、本心を打ち明けてくれた**と思うからです。

ふだんの人間関係において、悪口は誰のためにもなりませんが、**たまのグチは、人間関係のいい潤滑油**です。

特に、日常的にあまりグチを言うことがない人は、積極的に、グチを言ってみてください。まわりの人は、そんなグチを驚きと喜びとともに、受け止めてくれるでしょう。

ポジティブ思考の人は、グチを言ったりするのが難しいでしょうが、ごく身近な人には、ネガティブなことを言う練習をしてみましょう。

きっと、それはあなたの人間的な魅力を高めてくれます。

あえて感情的な「弱み」を見せられるか

「感情的な弱みを見せられる人」もまわりから応援されます。

たとえば、頑張っている人や、前向きな人はまわりから応援されますが、実はそれは表面的なもので、心からの応援ではないことが、よくあります。

けれど、そういう人が、頑張っていながらも、

「もう心が折れそうです」

と弱音を吐けば、まわりの人は、

「大丈夫、私たちがついている！」

という気持ちになって、よりエネルギーが集まってきます。

“デリケートな感情”こそシェアする

自分の弱いところ、ダメな部分を率直に話せたり、デリケートな感情を分かち合えたりすれば、さらにまた応援されるでしょう。

私自身も経験があります。

あるセミナーで、質疑応答をしていたときに、

「父親と和解できないのですが、どうしたらいいでしょうか」

と聞かれたことがありました。

その質疑応答の途中で、答える立場である私が、こらえきれず、泣いてしまいました。それも、ちょっとだけでなく、二、三分、涙がとめどもなく流れてきてしまったのです。

これには、自分自身でもびっくりしました。会場の人は、もっと驚いたのではないでしょうか。

「こんなに涙が出るとは思いませんでした。どうして泣いたかというと、感謝の涙な

のです。僕もまさしく二十年前、同じところにいました。父親のことが許せなかった。父親は亡くなりましたが、今は父親に対して、ものすごく感謝しています。軋轢《あつれき》がなくなり、ありのままの父親を受け入れることができます。

そして、なぜ、もっと早くに和解できなかったのか、という気持ちもあります。そんな気持ちが混ざって、涙を止められなかったんです。びっくりさせてごめんなさい。自分の人生も劇的によくなったから、あなたにも、きっと同じことが起きると思います」

と、やっとのことで答えました。会場の人たちも、「講師が泣くなんて」と相当びっくりしたに違いありません。

私自身も、

「しまった！　泣いてしまったよ。プロとして最低だ！」

と思い、すごく恥ずかしい思いをしました。

ところが、その直後、今までの人生でもっとも大きな拍手をもらいました。後で参加者から、「今までの講演会で一番感動した」と言われました。

また、アンケートでは、「講師が泣いたのは、はじめて見ました。最初は驚いたけれど、この人は本当に誠意があって、言っていることをきちんと実践しようとしている人なんだと感じた」といった感想もいただきました。

自分のつらい思いや過去を赤裸々に語ることで、より参加者とつながることができたのだと思います。

もちろん、何でも話せばいいかというと、そうではありません。ただのグチをダラダラ言っているだけでは、人はひいていきます。そこは注意すべきでしょう。

いつもは見せない「一面」に人はホロリとする

弱みの出し方には、他にもいろいろあります。

たとえば、すごく仕事を頑張っていて、いつも「楽しい、楽しい」と言っているパートナーに対して、女性のほうは「あなただけが楽しいんだわ」と思っているとします。

そこで彼が、

「いや、確かに楽しいんだけど、その中にもつらいことがあってね。すごく落ち込んで、やめたいと思うこともあるんだよ」

と言えば、女性も、パートナーの違う一面を見ることができます。

そうすると、

「この人はつらい中、頑張っているんだ」

「何とか私が支えたい」

と思うようになるかもしれません。

同じように、有能で結果も出している上司が、

「正直言うと、私だってときどき、不安でいっぱいになることがあるんだよ」

と言えば、きっと二十代の社員はびっくりすると同時に、奮《ふる》い立つと思います。

「ええ!? 今でもですか? じゃあ、自分が不安に感じるのは当たり前ですね」

となるでしょう。また、上司が続けて、

「私の二十代のときに比べたら、君はずっとすばらしいよ」

と言ってあげれば、自信がつくはずです。

そうやって、部下を上手に励ませる上司は、なかなかいません。それだけ、みんな自分のことで必死なのでしょう。

〝教訓〟ではなく「分かち合いの気持ち」が大切

一つ気をつけなくてはいけないのは、「頑張る系」の人は、

「俺もへこんだときがあったけど、何とか踏ん張って、頑張ったからうまくいった。だから、お前も同じくらい頑張れ」

と教訓を垂れてしまいがちなこと。先ほどの励ましの言葉とちょっと似ているようにも思えますが、これだと逆効果です。

特に子育ての場面で多いのですが、子どもに対してつい、

「お母さんもそうだったけど、頑張ったのよ。あなたには頑張りが足りません！」

と叱ってしまうことです。「頑張ったのよ」以下は言わずに、「あのときは、つらかったわ」という**「気持ちのシェア」**の段階で止めないといけません。

他に、言ってはいけない言葉としては、

「言わなくても、わかるよね」

「君ならわかると思うけど」

があります。こう言われると、多くの人はちょっとイラッときます。

なぜかというと、これは「話す角度」が上から目線になっているからです。「わかって当然だよね」というエネルギーがあると、相手は腹が立つのです。

「わかってくれるかな?」というフラットな分かち合いの気持ちから発言しているのであれば、相手は受け取れます。

自分の弱点を知っておかないと、つい無自覚のうちに、相手に教訓的な言葉を言ってしまいがちです。

特に、自分が何でもできてしまうタイプの人は、できない人の気持ちに寄り添えないものです。ですから、〝ちょっと相手に寄り添ったふう〟に話をすると、まったくの逆効果を生むことを覚えておきましょう。

なぜなら、「話の角度」を人は敏感に察知するからです。そして、相手には「バカにされた」「こいつは、どうしようもない人間だと思われた」という痛みだけが残ります。

肝《きも》に銘《めい》じたいのは、**教訓は相手が自分で感じ取るもので、人に言われたくはないものだ**ということです。

自分がどういう角度で人と話しているかにも、ふだんから注意しておきましょう。

「フラットな関係」を築く

人間関係において、もう一つ重要なのは、**フラットな関係**になることです。そのほうが、お互いの力がかけ算で発揮されるからです。上下関係ができると途端に、お互いの力がうまく発揮されなくなってしまいます。

私は二十代のとき、会社の会長や社長といった人たちから、とても好かれました。「君は俺のことを、よくわかってくれているな」とよく言ってもらいましたが、実は私自身は、何もわかっていませんでした。「わかってくれている」と、向こうが勝手に思ってくれていたのです。

あるとき、ある会社の会長が昔話をしている最中に、号泣したことがありました。つらかったときの話をしていて、泣いてしまったそうです。それは、私が少しでも会長の気持ちをわかろうと、ぶつかっていったからではないかと思います。

相手の〝悩んでいるポイント〟に注目する

同じように、上司がどこで悩んでいるのか、苦しんでいるのか、どこで頑張っていて、どんな点で報われていないと思っているのかを考えてみてください。

たとえば、ある上司は、部下をいつもかばっています。もし、部下が上司のそういうエネルギーを感じ取ったら、そのときすかさず、

「いつも守ってくださって、ありがとうございます。私がふがいないから、社長や役員の楯《たて》になってくださり、代わりに叱られているんじゃないでしょうか」

と言うようにするといいでしょう。そうすれば、上司も、

「ああ、わかってくれているんだ」

と思い、その部下のことがよりかわいくなり、目をかけてやりたくなります。

そして、

「こんなこと、他のヤツには言えないんだけどさ」

と、本心を話してくれるようになるかもしれません。

こうなれば、より人間的な交流ができるし、立場に関係なくフラットに接すること

ができるようになるでしょう。そうすると、二人の関係は、ビジネスライクなだけのものではなくなります。

なぜ、その人は〝強権的〟になっているのか

上司の中には、強権的、高圧的な人もいます。そういう人とフラットな関係を持つには、どうしたらいいでしょうか。

まず、その人がなぜ強権的なのか、その原因を探ってみることです。お金を失うことへの恐怖なのか、成長したい欲望なのか……それによって、つきあい方は違ってきます。

たとえば、お金も地位も十分にある人であれば、その人は成長欲が強いのです。お金のためではなく、自分の野望のため、成長するために仕事をしているのでしょう。

そこで「この人はなぜ、そこまで成長したいのか」を考えてみるのです。

それを考えた結果、「この人と、このやり方で成長したいわけじゃない」と思ったら、その人のもとを去ることになるでしょう。でも、「自分もこの人と同じくらい成

長したい」と思えたら、対等につきあえるかもしれません。

「あの人だったら、ああ考えるだろう、こう考えるだろう」

と思いを巡らせて、

「このように考えていらっしゃるのですか」

と聞いてみてください。

もし相手が社長だとして、社長から、

「よく私の気持ちがわかるね」

という言葉が返ってきて、

「いや、自分が社長だったらどうするか、ずっと考えているのです」

と二十代の社員が答えたら、その社員はきっと「できるな」「おもしろい」と思われます。

実際に考えた内容の八割くらいは見当違いかもしれませんが、**「あなたと同じように考えてみました」という態度こそが、相手の心を揺さぶる**のです。

「人の気持ち」を察する

これまで話してきたように、人の気持ちを読んだり、相手の立場に立てたりできる人ほど、人間関係がうまくいくし、まわりから応援される人にもなります。

では、どうしたら「相手のことがわかる」ようになるのでしょうか。

ひと言で言うと、ちょっと大げさですが **〝人間の研究〟** をしていくことです。人が何を感じて、考えて、行動するのか、これを自分なりに研究していくことです。

たとえば **「その人を前に進ませるエンジンは何か」** という視点で相手を見ると、その人のことが理解できるようになります。

その人は何も考えずにただ前に進んでいるのか、そうではなく誰か人のため、あるいは何かの目的のためにやっているのかを想像してみましょう。

また、愛からやっているのか、恐れや競争でやっているのか……それも考えてみることです。

つまり、**「その人を突き動かすエネルギーは何なのか」**ということです。

それが「愛」や「分かち合い」であれば、その人はサポートされるはずです。

それが「競争」や「戦い」であれば、常にまわりと競い合うことになります。

そして、**「愛」と「友情」を軸にしている人に、競合相手はいません。**

その人がビジネスをしていたとしたら、その商品やサービスは真似されることがないし、潰《つぶ》されることもありません。だから、長く成功することができます。

自分の中の「原動力」に気づく

また、あなたの中にある「原動力」が何なのかも、考えてみましょう。たとえば、自分は今の仕事を生活のためにやっているのか、それとも楽しみでやっているのか。

仕事やお金は必要ですが、それだけではないはずです。

でも、多くの人は、「仕事のやりがい」をとことん突き詰めて考えていないから、「なんだかストレスがあるな」と感じるだけで終わってしまうのです。

世の中には、さまざまな仕事がありますが、「今やっている仕事が、自分が打ち込むべき天職（ライフワーク）なんだ」と腑《ふ》に落ちたら、本気でその仕事に打ち込めるはずです。

すると、仕事で感じるストレスも、ずいぶん少なくなり、人間関係もよりスムーズになるでしょう。

たとえば、私自身は本を書くときに、「この本は誰を助けられるのだろう。悩んでいる人を、どのような角度からサポートできるのだろう」といつも考えています。

そういうふうに考えていると、「本を書くこと」から派生するいろいろなストレスを最小限にすることができます。

「言葉の強さ」「自分の立場」を考えて話す

こう言いながら、私自身、人間関係で失敗することは、しょっちゅうです。ポジティブに言いすぎたり、ネガティブに言いすぎたりしてしまうこともあります。

また、自分の言葉の強さ、立場というものを考えないで発言すると、たいていの場合、自分が思っているのと違う受け止め方をされてしまいます。

コミュニケーションでは、九〇％近くは「自分が思ったのと違うように受け取られている」と考えておくほうが、健全だと言えます。

失敗をどう乗り越えるか

ある意味で、すべての人間関係は「失敗の連続」です。

コミュニケーションで思い通りに成功することは少ないし、たとえ「成功した」と思っていても、それはあなただけが思っている場合が往々にしてあります。相手は「言いくるめられた」と思っているかもしれません。

ですから、「いつも相手としっかり向き合わないと、わかり合えない」という前提でいる必要があります。

そうすると、夫婦だから、同じ会社の人間だから、「相手が自分のことをすべてわかってくれるはず」という期待も手放せるでしょう。

人間関係に「成功」「正しい」という概念はありません。

あるのは**「共感」**だけなのです。

何度も失敗をして、それからまたお互いを感じ合おうと思えるのであれば、それが健全な人間関係の姿です。

相手の「才能・長所」に目を向ける

人間関係を円滑にするために**「ほめ言葉」**は欠かせないと思いますが、過度のほめ言葉はあまりよくありません。

相手が信じていないことを言っても、相手の心にはまったく響かないでしょう。たとえば、自分と同じ部署内の四十代の女性に対して、

「すごく素敵ですね、キレイで輝いています」

くらいまでは、ギリギリOKかもしれません。それを、

「あなたみたいにキレイな人に、会ったことがありません。肌ツヤは二十代ですね」

と言ったら、

「ウソでしょ」

と一〇〇%思われてしまいます。なぜなら、言われたほうは、とてもそうは思えな

いし、とってつけたようなほめ言葉だったからです。でも、「社内の四十代女性の中では、ベスト三に入りますね」

「うちの姉も、○○さんと同い年なんですけど、とてもそうは思えないです！」

と言えば、相手は、ちょっとうれしくなるかもしれません。それは、現実味がある分、本人が納得できるほめ言葉だからです。

「女性にはキレイと言っておけば安全」という発想では、単に上滑りになるだけです。

「才能の原型」をたくさん目にしておく

また、初対面の人をほめる場合は、相手の喜ぶツボがよくわからないため、ほめるのはかなり難しくなります。

コツは、その人の持っている**「すばらしい才能」**を見ようと努力することです。

たとえば、会社にその人がいるだけで、会社全体の雰囲気が柔らかくなる、安心感が出る、逆にその人がいないと、ちょっと殺伐《さつばつ》としたりするという人がいます。それも「才能」なのです。

私の知り合いで農業をやっている人がいます。質素で、温かい雰囲気を持っている人です。その人と会うだけで癒されるし、何となく「気分がいいな」という気持ちになれるような人です。きっと、あなたのまわりにも、そんな人がいるでしょう。

初対面であっても、そうした「癒しの才能」についてコメントしてあげれば、相手はあなたに好感を持つでしょう。

他にも、戦略家タイプの人もいれば、みんなを盛り上げるのがうまい人も、人を育てることに興味がある人もいます。さらには、アーティストタイプもいれば、ハンタータイプもいます。

そうした、人が持っている「才能」を意識して目に止めようとしてください。

主婦であれば、「平和をつくる才能」の持ち主が多いかもしれません。素敵な主婦には、親や夫、子どもをうまくサポートする才能があります。

そうやって、その人の中にある「才能」を見つけて理解し、上手にほめることができれば、あなたの人間関係は円滑に進んでいくでしょう。

人間関係は、あなたを磨く鏡

人間関係は、あなたの鏡です。あなたが幸せであれば、まわりにも同じように幸せな人が集まります。あなたが退屈な毎日を送っていると、つきあう人も、同じように退屈な人たちになります。

彼らを鏡として、あなたに必要な学びはやってきます。彼らとのやり取りで、あなたは自分のすばらしいところを知るでしょう。彼らがそれを教えてくれるからです。また、同時に、自分のまだ癒されていない部分にも気づきます。それは、彼らとのつきあいで、イライラしたり、痛みが出たりするから、すぐにわかります。

あなたは、人間関係の中で、もまれ、磨かれ、素敵になっていきます。

これから、あなたの新しい人生が始まります。自分を磨いて、すばらしい人間関係を築いてください。彼らは、きっと、あなたに幸せをもたらしてくれるでしょう。

THE SECRETS OF HUMAN RELATIONS

4章

こんな「態度」をとっていないか

——「困ったあの人」にも理由がある

「心のメカニズム」を知るほど人に優しくなれる

私が千人規模で行なう講演会では、いろいろなことを聞くようにしています。

たとえば、「あなたのまわりに理解不能な人がいる人」と聞くと、ほぼ毎回、会場の全員が手をあげます。相手は上司や部下、同僚、取引先、近所の人とさまざまですが、その人との関係は「今、そこにある危機」というくらい切迫したものです。

その人たちが、理解に苦しむような行動を取るので、こちらは苦しんでいるのですが、当の本人は、気にしていない様子。それで余計に癇《かん》にさわったりします。

なぜかというと、私たちの中に「こうするべきだ」という価値観があるからです。それは、本人にとっては「絶対に正しい」ことなのです。

一方で、価値観を押しつけられた側は、その不条理にイライラします。

しかし、その人がなぜその考えに拘泥《こうでい》してしまうのかを理解できたら、イライラ、怒りなどの感情は、自然に消滅します。

〝トラブルを起こす人〟は「傷ついた人」

今、あなたを悩ませている「その人」が、「理解できない人」から「理解できる人」になるかどうかで、少なくとも、あなたの「心の平安」のレベルはまったく違ってきます。

一番大事なのは、この人たちは**あなたに危害を加えようとしているのではない**と理解することです。彼らは自分の「心の痛み」に反応して、そのような態度を取っているだけなのです。

いわば、幼い頃にケガをして、そのケガがまだ治っていないのです。心に負った傷がふさがらず、まだ血がたらたらと出ているので、自分の痛みで頭がいっぱいで、他が見えなくなっているのです。そして「痛いよ、痛いよ」と訴えているのです。

「痛い！」と泣いている人に向かって、「うるさい奴だ」と思うか、「この人は、小さいときに受けた傷がいまだに癒されないままなのだ」と思うかで、接し方も変わってくるでしょう。

人間関係でトラブルを起こす人は、過去に深く傷ついたことがある人です。

彼らは、自分がいかに傷ついているかを理解してもらうために、その傷がどこにあるかを「怒り」という形で表現します。たとえば、待ち合わせの時間にわざと遅れたり、お金の問題を起こしたり。それによって、その傷の存在をアピールしているのです。

それは社会的には認められない、受け入れられにくい行為かもしれません。しかし、彼らの「心のメカニズム」を知ると、彼らの態度、言葉に対する見方が変わってきます。それだけで、こちらの心がかき乱される頻度が減っていくはずです。

そして、そのような「心の器」の大きい人は、自然とまわりから信頼され、好かれるようになっているのです。

人の「怒りのスイッチ」はどこにあるのか

いつもイライラして、ピリピリした空気をまき散らしている人がいます。

こんな人と対立するのを防ぐ一番のポイントは、相手の「怒りのスイッチ」がどこにあるのか、見つけておくことです。なぜこの人はイライラするのか、そのメカニズムを知るということです。

どういうことを聞くと相手がイライラするのかを、あらかじめ知っておくことは大事です。その相手がパートナー、上司、部下だったら、もうすでにだいたいわかっているはずです。

たとえば、部下の段取りが悪いと、機嫌が悪くなる上司がいます。けれど、段取りさえしっかりしていれば、意外と自由に仕事をさせてくれたりします。

こういう上司は、段取りでしくじるとものすごく怒るものの、パフォーマンスが多少悪くても、とがめることはなく、逆に慰《なぐさ》めてくれたりします。

逆に、段取りはどうでもよくて、「結果」に厳しい人もいるでしょう。

相手のそういう「怒りのスイッチ」さえ見極めておけば、相手が必要以上にキレる心配はありません。そして「こういう話をすれば、相手は絶対にイライラする」とか、「関係が壊れる」というのは、たいていの人がわかっているはずです。

感情的な「自爆テロ」に巻き込まれない

イライラしがちな人は、感情的な「自爆テロ」を起こしているようなものです。ですから、それに巻き込まれないことが大事です。たとえば、その人の悪口を言わないとか、感情的に混乱している相手を愛してあげるとか。

こんな例がありました。

いつも機嫌が悪く、嫌われていた人が転職をするとき、ある一人の人だけにはプレゼントを持ってきて、「あなたには救われました」と言ったそうです。

その人は嫌われ者のその人に対して、何かしてあげた記憶がなく、ただ「感情に巻き込まれない」ようにしていただけでした。たったそれだけのことで、とても感謝されたのです。

人が怒ったり、イライラしたりするのは、直前に「怒りのスイッチ」を押された、つまり心の傷に触れられたからです。

人が過度に攻撃的になるのは、心の傷に何かが触れたときです。

イライラしている人、怒り狂っている人は、ハート（心）から血を流しているのです。「それくらいのことで怒るなんて」と思っても、それはこちらの価値観を押しつけているだけで、何も解決しません。

その人は、怒っているのではなく、「痛い、痛い」と叫んでいるのです。

「怒り」を「痛い」という叫びに翻訳して聞けるかどうか、つまり、「こちらが心の余裕を持って相手の心情を察することができるかどうか」です。

相手の「心のトゲ」を抜ける人、抜けない人

「怒っている人は、傷ついている人」という視点を持つと、しだいに相手の心に刺さったトゲのようなものが見えてきます。

職場の上司や社長がいつもキリキリしているのであれば、ノルマや資金繰りなどのプレッシャーを強く感じているのかもしれません。

そんなとき、たとえば、

「いろいろ心配されているかもしれませんが、部下は結構、頑張ってくれていますよ」

「社長の重責は大変ですね。全然お役に立てなくて申し訳ありません」

というひと言をあなたがかけることで、そのトゲが抜けるかもしれませんし、態度がスッと変わるかもしれません。

人の心から「トゲを抜く」ことができるようになると、「この人はすごい」と部下からも慕われるし、上司からは「彼と話すと、すごく気が安らぐんだよな」と言われたりします。

相手の〝心の痛み〟を感知する力

私は過去に、相手の心に刺さったトゲを抜こうとして、逆に相手の怒りの爆弾を暴発させたことが何回もあります。でも、だんだん「起爆装置を解除する」のが上手になって、相手を楽にしてあげられるようになりました。それでようやく、そこに自分の才能があると思うようになりました。

知らないうちに誰かを怒らせる人は、人を癒す才能があるのです。その才能が上手に使えないとき、人を激怒させたりします。

若い頃は、人を怒らせたときに、なぜその人が怒ったのか、わかりませんでした。今から考えれば、同じ才能をネガティブな形で使っていたのです。

「お前は、なんでそんなこと言うんだ？」

「ひと言、余計だ」

とよく言われましたが、「相手の痛み」を感知して指摘する「ヒーラーとしての才能」を上手に使えていなかったわけです。

相手の心にトゲが刺さっていることはわかっていましたが、上手にトゲを抜く技術がなかったために、相手は「痛いところを、ただグリグリされただけ」と感じたのだと思います。


あなたにも、思い当たる節があれば、同じような才能があるかもしれません。

人間関係で起きることは、自分の才能を見つけるきっかけにもなるのです。

なぜ、あの人は「場に水を差す」のか

いつも不平不満、文句を言っている人がいます。場が盛り上がってくると、全員がシラけるような発言をする人もいます。また、皮肉屋はどこにでもいます。

みんなで盛り上がってきたら、何か言って、水を差さないと気がすまないタイプの人たちです。

彼らは自分が嫌われていることも、空気を読めていないことも知っていますが、ほとんど衝動的に、場を壊すことを言ってしまうのです。

彼らの発言の目的はただ一つ、「まわりの人たちをイヤな気持ちにさせること」です。

なぜ、そういうことをするかというと、その人なりのバランス感覚で、「このまま盛り上がっていたら大変なことになる」と警告を発するためです。

たとえば、グループ全体がそのままポジティブに突っ走ったら大失敗するとか。

あるいは、その空気に置いてきぼりにされている人の気持ちを代弁していたりします。

つまり、皮肉なことを言ったり、わざとネガティブなことを言ったりして、**「ネガティブなほうにも注意を向けましょう」とストップをかける役割を担っている**のです。

本人がそれを意識しているかどうかはともかく、彼らは、そういうことを自然とやってしまうのです。

「ネガティブな言葉」の中に光る真実

彼らは、単なる「シラけたことを言う人」「みんなが盛り上がってきたときに足を引っ張る人」ではないのです。

その人が発する「ネガティブな言葉」の中に、真実がキラリと光っていることに気づくと、彼らは実は、映画『スター・ウォーズ』でいえば〝ジェダイの騎士〟のような〝グループ全体のバランスを取る人〟だとわかります。

当人は、場をシラけさせることは言いたくないと思っているのですが、「言わずにはいられない衝動」を感じています。グループ全体に、ポジティブな浮ついたエネルギーが充満してくると、息苦しくなります。言うならば彼らは、毒ガスを察知できるカナリアのような人です。

こういう人がネガティブな発言をしたら、「ちょっと、浮かれているかもしれない。何か重大な落とし穴があるかもしれない」と、身を引き締めるべきなのです。

もっとも、ネガティブなことを言うすべての人が、ジェダイの騎士だというわけではありません。

ただ単に、イライラしたときに、人に自分の不満をぶつける人もいるので、よく観察してみましょう。

感情を〝我慢しない〟ほうが健康的？

すぐに感情的になって怒りを爆発させる人は、「感情の回路」が短い人です。

多くの人は、「今ここで、怒りを出すべきではないな」と思うと、怒りをこらえることができます。なぜなら、「今ここで怒りを出すのは社会的によくないことだ」とわかるからです。

でも、トイレと一緒で、感情を表に出すことを我慢できる人とできない人がいます。尿意を催したら、すぐにトイレに駆け込まないとダメな人もいれば、一時間くらい我慢できてしまう人もいるのと似ています。

すぐに感情を爆発させてしまう人は、「我慢ができない人」なのです。

どちらが健康的かというと、実は「我慢ができない人」のほうが健康的です。

イライラをためないからです。

ですから、「ムカッときたら怒りをすぐに表明する人」は、実は正直者で愛すべき人です。怒った後は、案外ケロッとして、何もなかったかのように、いつも通りに戻ったりするので、どことなく憎めなかったりします。

なぜか「人気者」になってしまう理由

不思議なことに、怒りをまき散らしたり、感情をぶつけたりする人は、意外と人気者だったりします。それは、彼らに表裏がなく、正直だからなのかもしれません。

ただ、実際に怒りを向けられると、イヤな気分になります。

私は、怒りっぽい人、イライラをすぐにぶつける人と一緒にいる場合には、

「この人はトイレが我慢できない人なんだ」

と思うようにしています。そして、

「この人は、怒りを表明できる、心がすごく素直な人なんだ」と思うと、その人が以前ほどには、面倒くさく感じなくなります。

怒っている人の額《ひたい》の青筋を見ながら、

「おしっこ我慢できない〜！」

と足をバタバタさせている五歳の幼稚園児を想像してみましょう。

きっと、そういう人と出会ったときに、心に余裕が出てくると思います。


感情を自由に表現できる人は、まわりの人の制限を外すことができます。

怒りや喜びを遠慮なく出す人を見ると、たいていは、「ああいう態度は、子どもっぽすぎる」とか、「もっと、まわりのことも考えてほしい」と批判的に考えます。

でも、彼らは同時に、「ここまでやっても、いいよ」というメッセージも送っています。人前で泣いたり、大声で笑ったり、怒鳴ったりする人は、ちょっと冷たい視線をあびつつも、密《ひそ》かな賞賛も得ているのです。

人を不快にさせない程度に、もっと自由に感情を表現してみましょう。

「自分の意見」をはっきり言わない人

自分の意見をはっきり言わない人は、**慎重な戦略家**だと言えます。
なぜなら、下手なことを言って、敵をつくったり、誰かの気分を害したり、上司やまわりの失笑を買ったり、責められたりすることを未然に防いでいるからです。得点もあげられない代わりに、大きな失点もない生き方と言えるでしょう。

彼らは、ごく小さい頃から、自分の感じていることや考えていることを口に出さないという戦略を身につけました。それは、両親や兄弟姉妹との関係で、傷つけられないようにするためです。

もし、家族がとても温かく、どんな意見でも喜んで聞いてくれて、サポートしてくれたなら、きっと思いついたことを何でも口にしたでしょう。

しかし、何か言うと、批判されたり、叱られたり、否定的に扱われたりすることがたびたびあったために、「もう絶対に自分の思っていることは誰にも言わない」と、小さい頃に決めたのでしょう。

だから、「これを言ったら、相手がどう反応するか」を見極めるまでは、自分の意見を言えない人になったのです。

あの人は〝ずるい〟のではなく〝拒否されるのがイヤ〟なだけ

彼らは、「嫌われたら終わりだ」と思っていますが、世の中には、「嫌われてもいいから、自分の意見を通したい」と思っている人もいます。

そういう人から見ると、自分の意見、希望、考えを表明せず、黙って本音を語らない人は、まったく理解できません。

「相手の真意がわかるまで、自分のほうから意見表明をしない人」を「ずるい人」と思っているはずです。

意見を表明すると必ず「反応」が返ってきますから、意見を言わない人というのは、安全策を取って、あえて自分からは口を開かないことにしているだけです。

パートナーがこういうタイプなら、「この人は、拒否されるのがイヤなんだな」と考えてあげればいいでしょう。

職場でも、なかなか自分の意見を言わない人に対しては、そういう理由があるからだと考えてあげれば、受け止めやすくなると思います。

自分の意見を言わないおとなしい人は、とても優しい人が多いのです。彼らは、人を傷つける可能性を考えて、いつも控えめに表現します。

何でもかんでも表現しないと気がすまない人は、おとなしい人たちの美学をもっと理解する努力をしてみてください。

いったん、彼らの人間的な深さと優しさがわかると、もっと尊敬の気持ちも出てくると思います。

「語らなくても、わかり合える」という世界を、彼らから学んでみましょう。

「ちゃんとやらない人」は何を伝えたいのか

世の中には、言われたことを「ちゃんとやらない人」がいます。仕事を途中で放り出しても平気な人たちです。彼らは「反逆者」ともいえる生き方を選んでいます。「ちゃんとやらない」ことで、「自分は権威に反抗する」と表明しているのです。

彼らは、ある種のゲリラみたいなもので、ルール、お仕着せに反抗することで、自分の存在意義を証明しようとしているのです。

そういう行動に出ることで、自分のオリジナリティを表明しようとしているのでしょう。幼稚なやり方ですが、たいていは無意識にやってしまっています。

こういう人は、他人の感情を荒立てることで、「自分に注目を向けたい」「自分は特別だと思われたい」のです。

ちゃんとやらないのは、**「お前のルールではプレーしないよ」という宣戦布告**でもあります。

“子どもっぽい反抗”で自分の首をしめない

こうした行動は、自分の過去にあったうまくいかなかった人間関係の「やり直し」でもあります。

たとえば、父親に小言ばかり言われて、細かいところまでいつも監視されて育ち、そのことへの怒りが消えずにいると、父親と似た人、あるいは権威を持っている人に対して無意識に反抗するようになります。

もし、あなた自身に思い当たる節があるのならば、「その反抗は、誰のためにもなっていない」ことを知るべきです。そして、無意味な反抗をする代わりに、自分が本当にどういうことをやりたいのかを冷静に考えてみましょう。

反抗のためにエネルギーを浪費していたのが、「本当にやりたいこと」に集中できるようになると、全然違う世界が見えてきます。

一般的に、権威に反抗するタイプの人は、部下を持つようになると、自分のルールでぐいぐい押さえつける人にもなりかねません。

こういう人たちは、「力」に対して感情的に反応してしまうのです。

「ちゃんとやらない人」とつきあうときには、相手としっかり向き合い、ときには、相手のいい加減なところを指摘する必要があります。「子どものような態度は受けつけない」ということをはっきり示すことで、風通しがよく、自由な関係が持てるようになります。

自分を認められる人、他人を認められる人

日本人の多くが「許せない」と感じる典型的なタイプに、不誠実で、ごまかしが多くて、最後は言い訳をして、責任逃れしようとする人があげられるのではないかと思います。

思い当たりますか？

実は、あなたが許せない人、イライラさせられる人というのは、実はあなたの中の「癒されていない部分」に光を当ててくれる天使でもあります。

「ちゃんとやらないといけない」という思いが強いと、「ちゃんとやらない」人間を許せなくなります。

そして、「いい加減なヤツは許せない」「段取りが悪い人は許せない」と思うとしたら、それは、「自分は、本当のところ、いい加減な人間だ」「自分は要領が悪い」と心

のどこかで思っているのです。

そういう気づきを、「自分が許せない人」は与えてくれているのです。

自分のまわりに「困った人」を増やさないために

自分のまわりに「困った人」を増やさないためには、自分を承認してあげること。


まずは自分に優しくして、自分のことをほめてあげましょう。

その上で、「よくやっているね」と、ふだんからまわりをほめてあげることです。

そうすると自分自身も気持ちがいいし、その言葉をかけてもらった相手の「うれしい」という気持ちが一〇〇％返ってくる感じがします。

反対に、「こいつら、手を抜いているな」と思うと、ここで甘やかしてはいけない、もっと苦労させなくてはという気持ちになるはずです。

そんな思い、気持ちは、相手にも絶対、伝わります。

「君はすごく頑張っているね」

「あなたはどれだけ頑張っていたとしても、まだ不十分だと思っているかもしれません。でも、本当に、これ以上できないくらい頑張っていると思いますよ」

こんな言葉をふだんから使っているだけで、まわりの人が自然と変わっていくはずです。

“ありえない人”にも心を荒立てないトレーニング

しかし、そうは言っても、日々の生活の中では、人づきあいでどうしてもイラッとすることがあります。私もそうです。そんなときはイメージ・トレーニングをするようにしています。

このトレーニングをするようになってから、たとえば新幹線の切符売り場で並んでいて、列に割り込みをされても、私はあまりイラッとしなくなりました。

列に並んでいる私の前に割り込んでくるおばさんがいたら、

「この人はお嬢さんが病気で、この新幹線に乗らなくちゃいけないから、自分の前に割り込んできたんだ」

と思うようにしています。

それでもまだ腹が立つときは、

「このおばさんは余命一カ月で、死ぬ前にひと目、孫に会うために急いでいるんだ。だから、自分より前に割り込む理由がある。一カ月後に死ぬ人だったら、せめて望みを叶えてあげたい。だから、許してあげよう」

と考えるようにしています。すると、不思議とイライラは消えていきます。


割り込んでくる人というのは、たいてい憎たらしい感じで、かわいげがありません。「すみません」ではなく、「当然でしょう」というふてぶてしい態度なので、腹立たしくなってしまいます。

そんな人に対して、「この人の子どもが病気なんだ」「この人は余命一カ月なんだ」とイメージする。

それでも苛立《いらだ》ちが収まらなければ、その人のお母さんだったら、この人のことをかわいいと思えるかどうか想像してみてください。それもムリなら、おばあちゃんです。その人のおばあちゃんの視点に立って、愛を持って接することができるかどうか。

つい誰かにイラッとしたとき、私はこういうことを自分のトレーニングの一つにしています。これを続けていくと、変な人と一緒にいても心が荒立たなくなります。

もちろん、「理解できない人」を癒すことは、あなたの仕事ではありません。

ただ、「こんな人、あり得ないでしょ！」と思う人たちと一緒にいても、自分の心を荒立てないで、平静を保つことのほうが、あなたにとっては大事なのではないでしょうか。

THE SECRETS OF HUMAN RELATIONS

5章

「感情」を味方につける

——〝振り回される〟より〝賢く手なづける〟

「すべきだ」に縛られない

私たちは自分でも気づかないうちに、自分だけの「ルール」をつくっています。そして、**「自分が無意識のうちにつくったルール」を破られたとき、怒りの感情が湧き出てくる**ようになっています。

たとえば「家の中はきちんと整理整頓する」というルールが自分にはあるのに、自分のパートナーがそれを守らない。

その他にも、「挨拶《あいさつ》はきちんとするべきだ」「お金は返すべきだ」「時間には遅れるべきではない」「仕事は段取りよくするべきだ」など、人それぞれにルールがあり、それらを破られたときに、人は「自分の尊厳を冒《おか》された」と感じて怒りが湧き出てくるのです。

これは194ページの「自分の価値観を押しつける」でも紹介しています。

「自分のルール」を優先するか、相手を大切にするか

怒りを鎮めるには、「自分はどういうルールを持っているのか」を思い出すことです。その上で「それは怒るほどのことなのか」と自省します。

たとえば、久しぶりに会う友だちと待ち合わせしたら、十分遅刻してきた。それに対してイラッとするけれど、友だちと会える喜びのほうが大切なことに気づきます。すると、「何か小言を言うよりは、友情のほうを大事にしよう」と考えられるし、怒らなくてすむわけです。

これは夫婦関係でも一緒です。

先の例で言えば「どうしてきちんと片づけられないの!?」という思いに駆られたときに、相手を大事にするのか、それとも自分のルールを大事にするのかを考える。そして「相手のほうが大事だ」と思えば、怒りは収まっていきます。

同じことは友人との関係でも起きます。

たとえば、映画に行く約束や旅行先を決めるとき、自分のワガママを押し通そうとする人がいます。

でも、いつも一方的に自分の希望を友人に押しつけて、相手に我慢させていれば、友情にヒビが入りかねません。「前回は、自分のことを聞いてもらったので、今回は、友人の望むようにしてあげる」といった気配りが友情を育てます。

人間関係での感情のやりとりは、できるだけ「その日のうち」に精算しておくことです。イヤなことがあったら、相手に伝えましょう。そうやって本音でつきあうから、友情は深まっていくのです。

「自分がへこむ」代わりに「相手を責める」心理

人が**「怒り」を感じるもう一つの要因は、「悲しみを抑圧するため」**です。

たとえば、自分の誕生日に、夫（妻）からプレゼントをもらえなかった、とします。すると怒りが湧きますが、その感情をよく分析すると、「誕生日にはパートナーにプレゼントを贈るべきだ」という自分のルールが破られた〝憤り〟と、「プレゼントをもらえなかった」という〝悲しみ〟が存在していることに気づきます。

人は悲しみを感じたくありません。だから、「ルールを一方的に破った相手が悪い」と思うのです。そのほうが圧倒的に楽でもあるからです。

怒りを感じるのは、悲しみや痛みを感じないための防御策なのです。

「怒り」と「悲しみ」は、自分自身を知る大切な鏡です。

怒りが湧いてきたときに、「自分のどこに痛みがあるか」を理解することができます。怒りの下には、必ず悲しみがあります。そして、その悲しみや痛みは、いろいろ探っていくと**「自分は愛されていない」という根源的な痛み**につながります。

「自分は愛されていない」ということを感じたくないがゆえに、夫（妻）が誕生日を忘れたこと、あるいはプレゼントをもらえなかったことに対して、相手を詰《なじ》るという反撃に出てしまうわけです。多くの人は自分自身が落ち込んだり、へこんだりする代わりに、「相手を責める」ことをしがちです。

これが人間関係を大きくこじらせる原因です。

自分の「心の痛み」と素直に向き合ってみる

「痛み」をよくよく調べていくと、「自分は不十分だ」という感覚に結局は行きつきます。それは、上司や部下、取引先、夫や妻、子ども、近所の人から「あなたは不十分だ」と言われているように感じているということです。

まずは「自分は不十分だと言われている」という感覚が、はたして事実かどうかを、検証する必要があります。

実際のところは、被害妄想の場合が多いのではないでしょうか。

とはいうものの、それを確かめるのが、実は「人生最大の恐怖」だったりするわけです。たとえば、好きな人に「私のことは嫌いなの？」とは誰も聞きたくないでしょう。自分が愛されるに値するかどうか、尊敬に値するかどうか、ダイレクトには聞けません。

だから、自分のことを尊敬させようとしたり、こちらを向かせようとしたりして、だんだん〝痛い人〟になってしまうのです。

恐れを乗り越えて「素直に聞く」ことができたら、実は、ちゃんと「愛されていた」「評価されていた」ことがわかります。すると、感じていた痛みから解放され、怒りを感じることも少なくなります。

「期待」が大きいほど「失望」も大きい

自分や相手に「失望」するときがあります。

事前に「こうできるかも」という期待が頭の中にあり、それが実際に実現しなかったとき、人は落胆し、失望するのです。

人間関係では「期待」という感情が必ず出てきます。

「部下は残業してくれるはずだ」

と思っているのに、してくれない。

あるいは、

「これだけの結果を出してくれるはずだ」

と思っているのに、出してくれない。

「優しい言葉をかけてくれるはずだ」

と思っていたのに、かけてくれない。

「お疲れさまと、ねぎらってくれるのかな」と思っていたら、かえって叱られた……。

期待した分だけ、人間は失望するようにできています。**期待と失望は、必ずセットでやってくる**のです。

たとえば、契約が十件取れると思っていたのに、七件しか取れなかった。あるいは、あの人とつきあいたいと思ったけれども、相手は別の人のことが好きでふられてしまった。そんなことで、人は落胆します。

「うまくいったかもしれないのに」と思う気持ちが、実は自分をガッカリさせているのです。

〝ガッカリ感〟から解放される練習

このガッカリから解放されるためには、どうしたらいいでしょうか。

一つの方法は、「考え方の回路」を変えることです。

たとえば、どうしても食べたいものが手に入らなかったとき、「ひょっとしたら食べなくてよかったんじゃないか。食べていたら、お腹をこわしていたかもしれない」と思えば、ガッカリしなくてすみます。

ある日、電車を一本逃してしまい「約束に遅れてしまう！」と焦っていたら、五年ぶりに友だちと再会できた。電車に乗り遅れていなかったら、その友だちには会えなかったのです。そう考えれば、悪いことの中にも「いいこと」があるわけで、同じようなことが人間関係にも言えます。

全体的に見て人生がうまくいっているにもかかわらず、何かでほんの少し「待った」がかかったからといって、そこで失望を感じるのは、あまりにもバカバカしすぎます。

失望する代わりに、**「いったい、これはどういうことかな」と好奇心を持って考えるセンス**があれば、いたずらに落胆しないですみます。

今の人間関係に変な期待を持ちそうになったら、その都度、手放してみましょう。予想外のことが起きたら、「どういういいことがあるのかな？」と考えてみましょう。そうやって、上手に期待を手放す練習をしておくと、ガッカリすることも減ります。

対人関係の「おせっかいゲーム」とは？

「あきらめ」「絶望」とは、〝未来が絶対によくならない〟という確信です。

前項で書いた通り、私たちは子ども時代から、「期待」と「失望」をくり返しています。失望の連続に耐えかねると、〝マイルドな絶望〟に向かうようになります。

人生でうまくいかないことが多かった人は特に、苦々しい思いに苛《さいな》まれるようになり、最終的に絶望を感じるようになります。

多くの場合、失望から絶望に変わっていく途中に、ウツ症状が出てきます。

「もういいことなど、やってくるはずがない」と確信している人は、これまでに、ハートブレイクが次々に起きて、愛、友情が信じられなくなっているのです。

「人間には失望している」という人には、

「人というのは信じられないものなんだ、裏切るものなんだ」という観念を補強するかのような出来事が、くり返し何回もあったはずです。

絶望は、「希望がない」ことを確信している状態です。

この「確信」を覆《くつがえ》すのは難しく、親切な人が現われても「この人は何かほしいものがあるから、自分に親切にしてくれたに違いない」と絶望から世界を見ます。

こうなると、本人が「絶望から出たい」と強く思わない限り、まわりは手助けできなくなります。そして、いったん絶望の世界にはまってしまうと、アリ地獄に落ちたアリのように、なかなか出られなくなります。

「あなたは人に不幸でいる権利をあげられますか？」

人間関係は、基本的に**「おせっかいゲーム」**でできています。

たとえば、「愛に絶望している人」のことを好きになると、愛を感じてもらいたいと熱くなって、なんとかして、自分の愛を証明しようとします。

「この人が、本当の自分に目覚めたらすごくなる」

と思って、説得しようとして、討《う》ち死にしていくわけです。

上司と部下もそうです。どれだけ上司が愛情、時間、手間をかけても、まったくモノにならない人もいます。そうなるともう、それは失望の連続です。

あなたは期待を裏切られても、それを上回る愛情でその人を包めるでしょうか。

「愛」と「友情」と「おせっかい」が、人間関係をこじらせるもとなのです。

ある人は愛情だと思って接しても、ある人にとっては、それが迷惑でしかないのです。

おせっかいをする側にも、感情的な問題があります。

「人の役に立たないといけない」「人を助けないといけない」と思っているのです。

もともと自分が負債（マイナスの状態）を抱えているから、誰かを助けて「プラスの状態」にならなければと思っているのです。

この問題を解決するには、次のひと言を肝に銘じるべきです。

「自分の幸せには責任を持ち、人の幸せには責任を持たない」

なぜかというと、「幸せとは、本人が決めるもの」だからです。

自分自身のことを、どのように感じるのか――それは基本的にプライベートな権利です。その人が希望を選ぶか、絶望の中に生きるかは、その人にしか決められません。

言い方を換えれば、「不幸でいる権利」もあるわけです。

相手の考え方を認めるのが、大人の態度というものです。

「過去の感情」に引きずられる人

強迫観念とは、「自分は攻撃される」と思っているときに、出てくるものです。ということは、過去において「どこかで攻撃された」ことがあるはずです。

物理的な暴力は受けなかったとしても、執拗《しつよう》な批判やコントロールにさらされた体験があると起こり得ます。

たとえば、両親から「ちゃんとしなさい」と言われ続け、「ちゃんとできていない」自分を二十四時間、ずっと観察されている――そんな体験があったとします。すると、常に頑張って、たえず親の期待に応えようとします。そして、とにかく罰を受けたくないから、リスクも取らず行動半径が狭まります。

そういう生き方になったときには、「どこにも行けない」という感じの息苦しい精神状態になるはずです。

これが、不健康な状態にまで行ってしまうと、「私って、どうせ愛されないんでしょう」となるのです。

上司は「あの件、どうなった？」と普通に言っているだけなのに、「あ、私のこと最悪だと思っている」と過剰に反応してしまいます。

「過去に攻撃された」経験が、そのような感情を引き出してしまうのです。

引きこもりは、ポジティブな親が影響している

実は、引きこもりになる子どもがいる家庭でも、「強迫観念」が大きなキーワードになっています。

引きこもりとは、「出る」というエネルギーと「引きこもる」というエネルギーが綱引きをしている状態です。引きこもりの子どもがいる家庭の多くには、とてもポジティブな家族がいます。社会的に大活躍していたり、エネルギー過剰な人が多かったりします。

「社会に出て活躍することこそ人生だ」

と確信している親と、

「そんなことないよ」

ということを身をもって示す子どもとの〝綱引きのような戦い〟。それが引きこもりでもあるわけです。


引きこもりの問題を解決するには、父親や母親のエネルギーが下に抜けないといけません。そういった人たち自身が、往々にして、

「社会的に活躍しなくてはいけない」

という強迫観念を持って人生を生きています。

だからこそ、子どもは、

「そんなことないよ」

ということを、自分を人質にして親に知らせるという行為に出るのです。これが引きこもりなのです。

親は、

「うちの子の引きこもりさえ治れば、何の問題もないのに」

と思っています。そういう考え方、生き方が問題なのに、それに気がついていません。

親は基本的に子どものことを愛しています。たとえ子どもが社会的に成功しなくても、愛しています。一方で、「社会的に何の役にも立たない自分」を愛せるかというと、なかなかそうはいかないものです。

そのような葛藤《かっとう》を克服してはじめて、親子二代のヒーリングが完成します。

基本的には〝エネルギーの綱引き〟ですから、親の「社会的に活躍しなくては」というエネルギーが解けると、子どもが引きこもっている理由がなくなります。あっという間に引きこもりが解消することが多く、八年、十年と引きこもっていた子どもが突然変わります。

急に、

「お父さん、そろそろバイトでもしてみようかな」

と言い出したりするのです。

女性に特有の強迫観念とは――

女性に多く見られる強迫観念は、

「自分は仲間はずれにされているのではないか」

「嫌われているかもしれない」

「面倒くさい女と思われているかも」

「かわいげのない女だと思われていないか」

というものです。


年を重ねるごとに美貌が衰えていくというのは、たまらない焦燥感《しょうそうかん》につながります。シワとシミの増加とともに、「女性としての価値が減っていくのではないか」という焦りが募《つの》ってきます。それは**チヤホヤされる時代が終わって、「中身」が問われる時代に入った**ということです。

そこを自覚しないと、チヤホヤされる若い女性や、上手に男性に取り入る女性を見ると、穏やかではいられなくなります。

「潔く生きたいけれど、どこかでおもねることをしなくては、かわいい女になれないのではないか。世の中のバカな男たちめ」

という気持ちがどこかでうごめくのです。

四十五歳で結婚しておらず、ちゃんとした仕事もない。何のスキルもなく、老後のことも心配になってきて、親の介護を一人でやっている人の焦燥感は大変なものです。

そうなると、深い人間関係を結ぶことにも消極的になっていきます。引きこもって生きていくのか、一歩踏み出してパートナー候補を探すのか、ここがその後の「人生の質」を決める分かれ目です。

一見すると手強いこうした強迫観念も、その裏に隠されていた「癒されていない思い」に気づくことで、徐々に手放していくことができます。

すると、さわやかな笑顔で生きられるようになり、まわりの人からも好かれるようになるはずです。

人はいつでも、どんな状況からも、幸せな人生に向けて方向転換できるのです。

6章

THE SECRETS OF HUMAN RELATIONS

〝相手の地雷〟をうっかり踏まない

——あなたも知らないうちに〝困った人〟になっていた？

人と「折り合っていく」スキルを磨くには

「人間関係」と言ったとき、多くの人は恐らく、家族・友人・仕事（学校）関係の三つくらいのカテゴリーを思い浮かべると思います。

実際、住所録をつくるときも、「家族・親戚」「友人」「仕事（学校）関係」と三つのファイルに分けている人が多いのではないでしょうか。

人間関係には、「自分で決められる」関係と、「決められない」関係があります。

「自分の好きな人とだけ、つきあっていればいい」のであれば、世界はシンプルでストレスもなく、うまく回っていたかもしれませんが、現実はそうではありません。

まず、家族・親戚は、自分で決められません。パートナーは別としても、自分の親や生まれてくる子どもは、自分の意思では選べません。

仕事（学校）についても、勤め先（クラス）の人間関係は、基本的に押しつけられるものです。「この人と働きたい（一緒のクラスになりたい）」と願っても、思い通りにはならず、変な人・ウマが合わない人が、たいてい一人くらいは混ざってしまいます。

そう考えると、自分で決められる人間関係は、友人・知人くらいしかありません。

相手を〝味方〟にできる人、〝天敵〟にしてしまう人

このように、私たちはきわめて選択肢が少ない中で、人間関係をつくっています。だから、ウマの合わない人と「うまくいかないこと」があるのは、当然なのです。トランプで言うと、「最高のカード」がそろっていない状態でプレーをさせられているわけです。そして、手持ちのカードを捨てる機会もなかなかありません。

たとえば、親のことを心から尊敬できる人は実は少数派で、極端なケースでは「親とは二度と会いたくない」というくらい、親と合わない人もいます。

ある意味で、正反対とも言える性格の人が、親子になってしまったケースもたまにあります。親子らしい会話がまったくできないぐらい、相手が〝天敵〟のようになってしまうと、大変です。そうなると、壮絶な戦いが起きます。

「お互いが相手を選べない」ところに悲劇があるわけです。

職場でも、基本的に価値観が自分と違う人たちと折り合っていく必要があります。ですから、**「人間関係で悩む」のは当然**ですし、とても自然なことなのです。

普通の生活をしていると、自分の人生の中に、たいてい一人や二人は、よく理解できない人が混じってきます。それは、人生の〝辛口のスパイス〟みたいなものです。人生は〝甘口のスイーツ〟だけだと、ちょっとつまらないものです。

ときには、唐辛子のような人と出会って、「ヒーヒー」と言うぐらいが、おもしろくなってくると考えてみましょう。

自分の不運をただ呪《のろ》うのか、「人を理解するチャンスをもらった」ととらえるかで、あなたの今後も変わってくるでしょう。

〝自分の世界をつくる30人〟を意識する

考えてみれば、地球上には七十億人もの人がいるにもかかわらず、私たちが個人的につきあっている人は、ほんのわずかです。

ほとんどの人が、たった三十人程度の人間関係の中で動いています。知り合いを含めても、つきあいがあるのはせいぜい百人くらいのものでしょう。こうした〝スモール・ワールド〟が、この地球上には同時に無数に、存在しているわけです。

実際に、携帯電話の履歴を一週間分調べてみたら、緊密に連絡を取り合っている相手は、せいぜい三十人ぐらいという人がほとんどでしょう。仕事関連の人たちを含めて、その三十人くらいの人たちが、〝あなたの世界〟なのです。

彼らをどれだけ理解して、彼らにどれだけ理解されているのか——**「人間関係の質」**は、そこで決まります。

驚くべきことに、実は私たちは、この三十人のことすら、ろくに知らないのです。〝自分の世界〟を形成している人たちが、人生で何を考え、何を感じているのかも、ほとんど理解していないし、あなた自身もまわりの人から理解されていません。

もっと言えば、自分自身についても、何を考え、何を感じているのか、把握《はあく》できていないのです。

この〝ゆるやかな絆〟をどこまで豊かにできるか

たとえば、あなたは、食後の飲み物に、コーヒーと紅茶、どちらを頼みますか？

たいていの人は、コーヒーにするか、紅茶にするかの好みは決まっています。そして、ミルクを入れる・入れないという好みもあります。

食後に何を飲むかわかっている――それが「親しい関係」の定義だとすると、〝スモール・ワールド〟の三十人のうち、あなたは何人の好みを知っているでしょうか。

反対に、あなたの食後の飲み物の嗜好《しこう》を、何人の人が知っているでしょうか。

つまり、こんな些細なことでさえ、私たちは相手の好みを知らないし、自分の好みを知ってもらっていないのです。そんなことには今まで、興味すら持たなかったかもしれません。

ましてや、あなたの知り合いが何を感じて、何を考えて生きているのかについては、想像したことすらなかったのではないでしょうか。

とはいえ、一〇〇％わかり合っていない中でも、**「ゆるやかな絆」**はあり、病気をしたら心配したり、落ち込んでいたら慰めたりする間柄ではあります。

家族や親しい友人とはそういう関係ですが、親子、夫婦といえども、お互いの心の奥深くに秘めたものまで分かち合っている人は少ないでしょう。私たちは、ある意味で、みんな孤立した存在なのです。

人生の「幸福度」を決める最重要科目

考えてみれば人間関係というのは、学校で一科目として教わってもいいほど大切なテーマで、その人の「幸せ度」を決めるといっても過言ではありません。

いつもつきあっている三十人が、幸せで豊かな人だったら、「この世界は幸せで豊かな場所だ」と感じるでしょう。逆に、この三十人が不幸な人たちなら、「この世界は苦しみだらけで、経済的にもうまくいくはずがない」と確信するようになるのです。

これほど大事なテーマであるにもかかわらず、これまで親からどれだけ人間関係について教わってきたでしょうか。

また、親から教わってこなかったのであれば、兄弟、友人、先輩や後輩、上司や取引先の人から、人間関係のことを教わってきましたか？

たとえば「仕事のやり方」であれば、上司から教えられたかもしれません。でも「人とどうつきあっていくか」については、誰からもしっかりと教わったことがない――それが現実でしょう。

仲良くなろうと思って、ハートを開いて近づいたら、「空気が読めていない」と、うっとうしく思われたりします。逆に、嫌われないために黙っていると、「何を考えているのか、わからない」と言われたりします。

「いったい、どうしたらいいのか？」と困っている人も多いでしょうが、あなたの意識と行動を変えていけば、**「人と楽しくつながる」生き方**へと方向転換できます。

自分の価値観を押しつける人、相手を受け入れる人

人間関係では、性格の違いもさることながら、「価値観からくる優先順位のつけ方」の違いが悲劇を起こしています。

たとえば、ある人は「社会的に活躍すること」に一番重きを置いていますが、別の人は、「静かな生活をすること」に価値を見出していたりします。

また、「毎晩、家族でご飯を食べることに幸せを感じる」人がいる一方で、「外で新しい人に出会って、人脈を広げるのが楽しい」という人もいます。

大勢の人を集めてパーティをしたり、外食をしたり、旅行したりするのが大好きな人もいれば、気心の知れた人たちと、自宅でゆっくり、のんびり過ごしたい人もいるでしょう。

「自分は正しい」とこだわりすぎない

人間関係の難しいところは、あなたの人間関係の「核」になっている三十人の価値観や優先順位のつけ方、性格がぴったり同じではないことです。

家族にしろ、職場の同僚、上司や部下にしろ、厳しい人、おっちょこちょいな人、ポジティブな人、ネガティブな人、いろいろなタイプの人がいるわけです。

そして、誰もが「自分は正しい」と考えて生きています。

その人たちが同じ部屋にいたら、「まとまるものも、まとまるはずがない」ということが、今、あなたにもイメージできたのではないかと思います。

「あなただけが、人間関係で悩んでいるわけではない」

まず、そのことで安心していいのです。

「人間関係の力学」を理解する

家族というのは、ある意味でムリやり一つのユニットにさせられたもの、強いられた人間関係です。

小学校のときに、くじ引きとか、もしくは先生の割り振りで「班分け」をすることがあったと思います。

そのとき、気が合う友人ばかりと一緒になって、とても楽しかったことがある一方で、つまらない班になったり、同じ班になった人とケンカばかりした体験もあるでしょう。

それと同じことが、家族でも起きているのです。

性格や反《そ》りが合わない人たちが、家族の中にいると最悪です。たまたま家族のメンバーの組み合わせがよいと、ほのぼのとしたホームドラマそのもののように、みんなが仲良く暮らしていけますが、そんなことは滅多にありません。

合わないメンバーが一人混ざっている家族もあれば、全員のノリが違って、お互いが全然理解し合えないという悲惨な家族もあります。

ですから、「どうしてうちは、家族が仲良くないんだろう」と悩んでいるとしたら、まずは「小学校の班分けと一緒で、組み合わせが悪いのだ」と、受け止めなければいけないのです。

そして、次にするべきは、**「決められてしまった人間関係」の中で、どうやって幸せを見出すのかを考える**、ことです。

「どうして私の家族はこうなんだ」とイライラし、悩みながら生きるのか。あるいは、その中で幸せを見つけていくのか。

家族関係で苦労が多かった人、悩まされた人は、「出口の見えない混沌《こんとん》とした状況から、どう幸せを見つけていくか」という、人生で一番必要なトレーニングを、ごく幼い頃から受けていた、と考えてください。

生きていく上で、「自分の好きな人ばかりの班」に属せることは、ほとんどないと考えたほうが現実的です。

そして、家族関係で幸せな人は、「この世界は楽しいところなんだ」と素直に感じながら人生を生きるでしょう。そういう人は、ぜひその幸せをかみしめましょう。

自分の性格をつくっている〝鋳型〟とは

人間関係において、人はおおよそ十歳くらいまでに経験した家族との感情的なやり取りのパターンを、その後もくり返していきます。そしてそれが、その人の性格形成にも影響を与えています。

たとえば、親がポジティブだと、家族のバランスを取るために子どもはネガティブになりがちです。そして成長してからも、ポジティブな人に対して苦手意識が先に立ち、そういう人には「自分は全然、理解してもらえない」といじけがちです。

あるいは、神経質で、いつもイライラしているお姉さんのとばっちりを受けていた人は、「ああいうふうには、なりたくないな」と思い、できるだけおおらかで人当たりのいい人になろうとします。

そういう意味で、**「家族は、その人の人間関係、そして人生の原型をつくる」**と言えます。

ほとんどの人は、こうした知識を持たないまま大人になります。だから、「自分がネガティブなのは、性格の問題だ」と思っています。

でも、本当は**家族との人間関係の中で、自分を守るために取ったポジション**であり、本来の性格ではありません。

そういうことを知ると、まったく違う世界が見えてきます。

大人になってからつくる人間関係は、ごく小さい頃に体験した人間関係を基本につくられます。

自分では意識していなくても、人間関係の鋳型《いがた》ができているから、その型の通りのシチュエーションを引きつけるのです。

「あの人」とのトラブルは自分の「器」を大きくするチャンス

そういうふうに考えると、**子ども時代からの「未処理の問題」が人間関係に現われてくる**メカニズムを理解しやすいでしょう。

たとえば、子ども時代にお金で困った体験を持っている人は、大人になってからも、お金で問題を起こすことがあります。誰かとの間に、お金のことで問題を引き起こし、癒されていなかった痛みと向き合わざるを得ない状況に追い込まれたりするのです。

また、小さい頃に両親と別れた人は、「人に捨てられる」ことを本能的に怖れるようになります。だから、「この人と一緒にいても、未来がない」とわかっていても、その相手と別れることができません。

こうしたことは無意識のうちになされるので、幼い頃の家族との関係に、その原因があるとは、普通は思わないでしょう。

そういう観点から見てみると、**人間関係で起きるトラブルも、実は自分のことを知り、器を大きくするチャンス**ととらえることができます。

無意識のうちにトラブルを招く「8つの原因」

では、具体的に人間関係で起きるトラブルを自分の人生に生かしていくには、どうすればいいのでしょうか。まずは、次にあげる「無意識のうちにトラブルを招く八つの原因」を理解して、物事の見方、感じ方を自分から変えていくことです。

人づきあいに問題を生じさせる言動を取っていないか、自分を改めて見直すきっかけにしてもらえればと思います。

逆に言えば、この八つの原因を克服すれば、あなたのまわりの人間関係は劇的によくなることでしょう。私たちが知らないうちにやってしまっていることを意識できるようになれば、思わぬトラブルを引き起こすこともなくなります。

これまでに、人間関係がこじれたことがある人は、この八つを読み進めていくうちに、なぜ、そうなったのかが理解できるでしょう。

1　イライラをぶつける

人間関係でお互いが一番気まずくなるのは、自分がイラッとしたり、相手にイライラされたりしたときではないでしょうか。

イライラをぶつける人のほとんどは、自分が不機嫌だということを自覚していません。知らない間にイライラをためていることが多いのです。

たとえば、仕事上の問題の報告を受けて、ちょっとイヤな感じがしているとか、上司から小言を言われた、あるいは、夫（妻）から怒りのメールが入った、悲しいニュースを見たとかです。

そんなことが一つだけであれば、感情的な波風も立たずにすみますが、二つ、三つと積み重なっていくと、ストレスレベルが黄色信号になります。

まさにそのとき、たとえば子どもが、「これ買って」と言ってくると、ふだんであれば、きちんと向き合えるのに、「ダメ！」と強い口調で返してしまうことがあるのです。

子どもはまったく悪くないのに、自分のストレスレベルが黄色になっていたために、ついイラッとして、怒ってしまうわけです。

〝ピリピリした空気の伝染〟を防ぐために

あなたにも経験があると思いますが、「あ、この人、今イラッとした」というのは、誰しも直感的にわかるものです。すると、相手は萎縮《いしゅく》してしまい、関係が硬直したものになりがちです。

ですから、自分の心の動きに注意を払い、「イラッとしたな」と感じたときは、「自分は今機嫌が悪い」ということを、自ら申告することがとても大事です。

そう言われたら、相手も「自分のせいかな」などと、あれこれ気をもまずにすみます。

特にイライラしやすい人は、怒りを人にぶつけそうなときには、

「ごめん。今ちょっと機嫌がよくないんだ」

と自分から言ってみましょう。それだけで、ピリピリした空気が伝染するのを防げます。

逆に相手がイライラしているときは、その原因が何なのかを探りましょう。

「午前中は上司に話しかけるのは控えよう」と、時間を少しおくことも、相手の怒りに火をつけないための方法です。

やってはいけないのは、「すみません、ひょっとして、イライラしていますか?」と聞くこと。その場合、たいてい「全然、そんなことない」という素っ気ない答えが返ってきます。

夫婦の間で「あなた、イライラしている?」とか、「君、ちょっとイライラしていない?」と尋ねて、「全然そんなことないよ」「いや、そんなことないよ」という答えが返ってきたときは、実は、相手はかなり怒っているのです。

イライラの感情は放っておくと、トラブルの原因になりかねませんから、**「自覚し、伝える」**ことが大切です。

2　傷ついたと一方的に感じる

誰かの発言に、**「一方的に傷つく」**ことは誰しもが体験しているでしょう。それが悪意もなく批判でもない**「何気ないひと言」**だったとしても。

たとえば、体形、学歴、容姿、服装などについて、相手から言われたちょっとしたひと言、些細《ささい》な指摘が、何となく心のシコリになって残ることがあります。それが、何かのタイミングで爆発したり、イライラとして噴出したりします。

ですから、**「自分がどういうときに一方的に傷つきやすいのか」というツボを知っておく**といいでしょう。

たとえば、仕事の成果について敏感な人であれば、上司から、

「今月は、どうなっているんだ？」

と言われただけで、ひどく責められたように感じるかもしれません。

あるいは家事について何か言われるとナーバスになりやすい人は、洗濯物のたたみ方について、夫にちょっと何か言われただけで、主婦失格だと感じたりします。

人によっては「お金」や「時間」の使い方について指摘されると「傷ついた」と感じるかもしれません。

これを言われると、自分は責められている、一方的にダメだと言われている感じがする――そんな自分が傷つきやすい分野やキーワードを自覚していないと、自分にとっての〝地雷のようなひと言〟を言われたときに過剰防衛してしまいます。

「家事をやっていないことで文句を言われたら、お金のことで言い返してやろう」

「あなたが時間のことを言うんだったら、私はゴミ出しで責めるわよ」

と〝ファイティング・ポーズ〟を取ってしまうのです。それでは、幸せで平安な人間関係は望めないでしょう。

自分が傷つく〝ツボ〟がどこか知っておく

自分がどこで一方的に傷つきやすくなるのかを知っておくと同時に、傷ついたとき

には、それを相手にきちんと伝えることも大切です。そうすれば、

「ああ、ごめん。そんなつもりで言ったんじゃないから」

と、相手も真意を伝えることができ、不必要な諍《いさか》いを避けられます。

でも、あまりにも傷つくと、言う気力すらなくなり、「傷ついた」という事実すら認めたくなくなります。その傷は、癒されないまま残ります。


ある若いカップルの例をあげてみましょう。彼が「昨日、友だちの女の子と一時間お茶をした」と言ったとき、彼女はとても傷つきました。

「ええ!? 私以外の女の子とお茶したの?」

彼はその女の子の手を握ったわけでも何でもなく、〝ただの友だち〟としてお茶をしただけです。でも、彼女にとっては、自分のボーイフレンドが、他のかわいい女の子と一時間もお茶をしたことが許せません。

「他の女の子と一緒にいてほしくない」という気持ちと、「嫉妬《しっと》深いと思われるとイヤだな」などの思いが葛藤して、彼には何も言えませんでした。

すると、その気持ちは黒い霧のようになって、だんだんと彼女を支配していきます。

それをそのままにしていると、彼に対しても、自分に対しても、変なエネルギーが残ります。

こうしたときは、彼女が勇気を振り絞って、

「一時間もお茶をしたと聞いて、私はすごく傷ついたの。それで傷つくのはおかしいけど、そういう気持ちがあったの。恥ずかしいけど……」

と言えばいいのです。すると、彼は、

「ゴメン。そんなつもりはまったくないし、もちろん、君が一番だよ」

と答えてくれるかもしれません。そうすれば、彼女の黒い霧は瞬く間《またた》にスッキリと晴れるでしょう。それは、彼女が自分の恥ずかしいところを出し、彼も、それに応えてくれたからです。

同じように、仕事のことで上司から、

「君、あのプロジェクトどうなっているの？」

と言われたときに、「批判された」「否定された」ように感じたのなら、

「いやあ、課長、ドキッとしました。てっきり叱られるのかと思いました」

と上司に伝えればいいのです。すると、上司から、
「そんなつもりは、まったくないよ。君はいつもよくやってくれているよ」
と、想定外のおほめの言葉をもらったりして、「批判・否定された」というのが誤解だったとわかります。

どこが「傷つくツボ」なのかを自覚し、傷ついたときはそれを相手にうまく伝えられると、人間関係はよりスムーズになります。

3 相手の状態に、すぐ反応する

人間関係が面倒くさくなる原因の一つは、相手の言葉や態度に敏感になって、過剰反応してしまうことです。たとえば、ピリピリしている相手を見たら、腫《は》れ物に触るような態度になってしまうことがあります。

そうすると「すごく気を遣われているな」「イライラしてピリピリしていると思われているな」と相手は感じるので、それがまた怒りを倍加させてしまうのです。

また、イライラしている本人から、

「君、そんなに萎縮するな」

と言われたとしても、

「萎縮させているのは、あなたでしょう」

と口には出せないけれど、思ってしまうものです。

一人がピリピリすると、まわりにもピリピリ感が伝染します。**他人の感情に反応しないことが大切**なのですが、人はつい無意識のうちに反応してしまうもので、そこから、人間関係がもつれていくのです。

出したものは必ず返ってくる

ピリピリしている人がいるときに、「あの人を怒らせないようにしよう」とばかり考えると、「おどおどする」という反応が表われてしまいます。すると相手は、その〝おどおど〟を察知して、さらにイライラを募らせてしまうのです。

これは犬と人間の関係によく似ています。「この犬、怖そう」と思うと、犬はそれを敏感に察知して「ワンワン！」と吠えかかってきます。

相手の「ネガティブな感情」に過剰に反応してしまうと、その感情を増幅させてしまうのです。

近所づきあいでこうしたことが起きると、トラブルになります。些細なことが刃傷《にんじょう》沙汰《ざた》にまで発展したりするのは、このメカニズムが働くからです。

感情の過剰反応はいったんエスカレートすると、なかなか止められません。なぜなら「人間関係の法則」で言えば、**「出したものは必ず返ってくる」**からです。

ネガティブな感情をお互いに出し合い増幅させていくと、感情のハウリング現象（スピーカーから出た音が再びマイクから入って増幅され、大きな雑音が生じる現象）が起きます。すると、怒りや憎しみが増幅されて、歯止めがきかなくなるのです。

相手がピリピリして、それに自分が反応していることを理解し、反応するのをやめるのが、この増幅現象を止める一番の方法です。そのためにも、相手がピリピリしていたとしても、そのエネルギーに巻き込まれないことです。

一度深呼吸して、普通に話してみると、案外、相手もスッと感情が落ち着き、普通の状態になったりします。

4 批判的になる

批判的な言葉を口にしたり、相手を責めるような口調で話をすれば、それがどれだけ「建設的な意見」だとしても、人間関係にヒビが入ります。なぜかというと、人は「上手に批判を受けること」に慣れていないからです。

批判の本質は「あなたは、もっとよくなれる」という応援メッセージです。しかし多くの場合、「今のお前では不十分でダメだと言われた」と相手には受け取られます。よほど自尊心が高く、自信満々な人以外には、批判はなるべく避けたほうがいいのです。

そして、相手との間に、それまでに培《つちか》ってきた信用・信頼関係がないのであれば、人間関係は見事に崩れていきます。

「一〇〇%信頼し合えている」関係であれば、かなり辛《しん》らつに批判をしても許されます。けれども、信頼関係が浅いのに批判をすれば、相手は「攻撃された」と認識します。

たとえば、ちょっとした知り合い程度の人に批判されたら、「この人は私のことが嫌いなんだな」と思います。でも、大親友に言われたら、〝良薬〟として受け取れるでしょう。

つまり、**「信頼残高の範囲内」でしか、人のことを批判してはいけない**のです。

余程のことがない限り、人のことを批判しない

また、批判するときは、相手に対する「攻撃的なエネルギー」があってはいけません。上手に批判できたら、相手は自分が攻撃されたようには感じません。

しかし、普通の人はたいてい、「こう言ったら悪いな」という罪悪感と、「相手を変えたい」という過剰なエネルギーを一緒にしてしまうので、つい強く言ってしまいが

ちで、それが人間関係をもつれさせる原因になります。

ですから余程のことがない限り、人を批判することは控えたほうがいいでしょう。

5 人に過度な期待をする

〝期待〟も人間関係がもつれる原因の一つです。

期待には「オープンな期待」と「隠れた期待」があります。

ここに二十年来の夫婦がいたとしましょう。

妻のほうは「自分の誕生日には、ディナーに出かけるだけではなく、バラがほしいな。赤ではなく、ピンクや黄色など、華やかな色のバラの花束がほしい」とパートナーに期待していたとします。

けれども、こういうことについて、ほとんどのカップルはコミュニケーションを取りません。なぜかというと「気恥ずかしい」からです。

「素敵なバラをプレゼントしてくれたらいいな」と相手に期待していることを知られるだけでもイヤなものです。

加えて、「二十年も一緒にいるのだから、それくらい知っていて当然でしょう」という思いもあるかもしれません。相手に対して「当然でしょう」と感じること——それが「隠れた期待」なのです。

でも、それで、果たしてうまくいくのでしょうか。

二十年、結婚生活を送っていても、「誕生日にはこうしてほしい」という自分の希望は、相手にはそうそうわかるものではありません。

たとえ夫婦であっても、相手を中心にして人生を生きているわけではないので、相手の「期待通り」を実行するのはムリなのです。

特に、女性がこちらの「隠れた期待」を読めない男性に対して、「どうして、私がプレゼントしてほしいものがわからないの!?」とイライラするのは、小学生に、大学院レベルの試験問題を出して、「なんでできないの?」とイライラするくらい、おかしなことなのです。

「期待」されると愛が冷める、モチベーションが下がる

オープンな期待であれ、隠れた期待であれ、人は期待されると、まず「面倒くさい」と感じるものです。

これを一番実感できるのは、親子関係ではないでしょうか。

たとえば、久しぶりに実家に帰った子どもが一番聞きたくない言葉は何かというと、「次、いつ来るの？」です。

親は「次に会えるのが楽しみだ」という意味で口にするのですが、子どもからすると、「また、いつ来てくれるかを、今ハッキリと明示してから帰るべし」と言われているように感じるのです。

期待された瞬間、「うわっ、面倒だな」と感じるのが人間というものです。これは、どれだけ愛し愛されている関係であってもそうです。

たとえば、「君のことを愛しているよ。で、君は何を僕にしてくれるの？」と言われたら、途端に愛が冷めるし、「君はよくやっているよ。で、次はどれだけ売り上げ

てくれるの？」と言われたら、急にモチベーションが百分の一まで下がります。

一方で、無条件に愛されていたり、受け入れられていたりすることを感じると、「この人のために何でもやってあげたい」という気持ちになります。

そう考えれば、**「期待がどれだけ人間関係をダメにするか」を知っておく必要があることがわかるでしょう。**


たとえば、「東大以外は大学ではない」と思っている親に育てられた子どもが必死に勉強して一流私大に入ったとします。世間的には「十分だ」と思いますが、親は失望し、子どもが傷つくということがあります。

ならば、「まったく期待しない」ことがいいかというと、それはそれで寂しいものがあります。大学に進学するかどうかに関して、親に一回も相談に乗ってもらえず、

「大学に行くかどうかは、どうでもいい。お前の人生はお前のものだから、自分で決めなさい」

と言われたとします。ある意味で健康的な親子関係かもしれませんが、「何も期待されない」のも、子どもとしては、ちょっと寂しいものです。

こうしてみると、過度な期待はもちろん迷惑ですが、お互いを縛らない程度の期待を持つことが、ほどよい関係を保つ上で大切になってくるのではないでしょうか。

6 自分の態度を冷静に見られない

多くの人は、知らない間に「ＫＹ（空気を読めない）行動」を取ってしまいます。あたりかまわず大きな声で話す、大声で笑う、相づちを打つ間《ま》が悪い、大事なときによそ見をしている……などです。

たとえば、夫婦関係や恋人同士でも、「来週、二人でどこに行くか」について話しているときに、男性のほうが上《うわ》の空で、「君が決めたらいいよ」と言ってしまうことがあります。

もしくは、結婚式の準備をしているときに、男性が「君が好きなようにやったらいいよ。お金は僕が何とかするから」と口にしたり。

「君にまかせる」――これは男性にとっては一種の「愛の表現」のつもりですが、女性からすると、とても投げやりで、無責任に聞こえるのです。

結婚式の日取り、誰を招待するか、引き出物は何にするか――こうした細々したことを決めるのを「一緒にやらない」＝「愛していない」と女性はとらえるわけです。

男性にとっては心外で、「なんで自分の誠意がわかってもらえないのか？」と思うでしょう。

〝相手の目に映った自分〟を想像してみる

自分の真意が伝わらないという問題は、**「自分の態度が相手の目にどう映っているのか」**を想像しないために起きます。

「相手の目に映る自分」を冷静に見られる〝回路〟があれば、こうした問題は起こりません。

たとえば上司が、

「こんな業績でどうするんだ」

と、がなり立てたとします。

このとき、そうした発言の仕方や態度が、一緒に働いている人たちを暴力的に傷つけていることを、その上司は理解していません。

「自分がどういう態度を取っているのか」を冷静に見る必要があります。

自分が卑屈《ひくつ》になりすぎている、明るすぎる、暗すぎるなど、いろいろあるでしょう。

「自分の態度は相手の目にどう映っているだろうか」

「自分の人気度調査をやったら、どれくらい人気があるだろうか」

こんなふうに自問してみたら、気づくことが大いにあるのではないでしょうか。

7 約束を破る

人間関係は、お互いの「約束」に基づいて成立しています。

友だちと遊びに行くとき、何時にどこで会うと約束する。恋人から誕生日のプレゼントをもらったら、相手の誕生日のときにはお返しをする。友人からメールをもらったら、必ず返信する。そのようなことです。

そういう意味で、人間関係はある種の相互契約で成り立っているとも言えます。

逆に言えば、そういう約束を破り続けると、人間関係はあっさり崩れてしまいます。

自分はメールにすぐ返信したのに、相手は返信してくれない。「これを一緒にやろうね」と言ったのに相手がやらない。誰か紹介してくれると言ったのに、紹介してくれない。そういったことが、人間関係にヒビを入れます。

でも、考えてみると、人間関係で守られなかった約束は、実はいっぱいあります。「今度、ご飯を食べに行きましょう」と言っておきながら、誘わない。「また会おうね」と言いながら、実際に予定を合わせることをしない。

このようなことは、日常茶飯事ではないでしょうか。

ですから、約束はいつも一〇〇％守られているわけではないのです。

「時間」と「お金」の約束を破れば、人間関係はすぐ壊れる

日常的な人間関係において、大事な約束が二つあります。

それは**「時間」**と**「お金」**に関するものです。

この二つが破られると、人間関係にヒビが入ります。

待ち合わせ時間に必ず十分遅れてくる人は、相手をイライラさせます。また、お金を借りて返さなければ、人間関係はあっという間に壊れるでしょう。

友だちを失いたかったら、約束をすっぽかし、お金を借りて返さなければいいのです。これだけで、人間関係は確実に壊れていきます。


夫婦関係や男女関係にある二人のうち、一方が他の人のことを好きになってしまう、といったことはよくあります。

パートナーが他の誰かのことを好きになってしまったとき、「結婚」という制度で相手を一生縛るわけにはいきません。しかし、愛が少なくなったとき、選択肢はあります。愛を育む努力をするか、あるいは関係を終えるのか。

そこを意識しないと、お互いに気まずい終わり方をすることになります。

8 自分の価値観を押しつける

「こうするべき」という自分の価値観を一方的に相手に押しつけ、相手がその通りにしなかったことに腹を立てる。そんなところから人間関係のもつれが生じることは多々あります。しかも、多くの人は、知らない間に自分の価値観をムリやり相手に押しつけています。

たとえば、男女の間では、

「男性は女性に対して、こう振る舞うべき」

「一緒に食事に行ったら、男性はおごるべき」

などの価値観があるでしょう。

仕事上では、

「これくらいの業績を上げるのは当然だ」

「始業時間の三十分前には出社すべき」
といった価値観もあります。

その他にも、四十代以上の上司には「締め切りに間に合いそうになかったら、徹夜するべきだ」と思う人が多いかもしれません。でも、今の二十代の人なら、「それはムリです」と平気で断ってきます。

そのときに、上司は「徹夜してでも締め切りを守るべき」という価値観を、どうしても押しつけたくなるかもしれません。しかし、部下にとっては「徹夜なんて、あり得ない」ことだったりするわけです。

友人関係においても、「風邪を引いたらスープなんかをつくってくれたら、うれしい」と思っている人がいる一方で、「そっとしておいてもらうほうがいい」と思う人もいます。数時間に一回くらいは「大丈夫？」というメッセージを送ってほしいと思う人もいるでしょう。

このように、人それぞれ価値観は違うのです。

自分の〝当然〟は、相手にとって〝当然〟ではない

「こうしてほしい」「こうするべきだ」というのは、人によってまったく違います。

自分の希望通りに相手が動いてくれないからといって、あの人には「愛がない」「誠意がない」と一方的に思うのは、筋違いな話です。

たとえば、食事をごちそうになったときに、「ありがとう」とお礼のメールをする人は多いと思いますが、「手紙でないと失礼だ」と思う人も少なくありません。

こうした価値観の相違が感情的なしこりを生み、人間関係がもつれる原因となります。

「こうするべきでしょう」とばかり言ってくる人とは一緒にいたくないし、つきあうのも面倒くさくありませんか？　もし、そうであれば、自分自身が面倒な人間にならないように、相手の価値観を認める包容力をつける努力をすることです。

相手に自分の価値観を押しつけなければ、今よりもっとスムーズな関係が保てます。

特に、友人、夫婦、家族は、親しいがゆえに、「自分の価値観を尊重してほしい、

ルールを守ってほしい」と思ってしまいます。

でも、そのルールの大半は、相手に言葉でしっかりと伝えていなかったりします。それなのに、そのルールが破られたと感じたときは、一方的に怒ったり、不機嫌になったりしています。

これでは、人間関係を上手に保つのは、不可能に近いでしょう。

楽しい関係をつくるためには、お互いのルールを尊重することが大切です。相手がどんなルールを持っているのか、そして自分のルールはどんなものかを把握しておくことです。その上で、お互いのルールをオープンにして、「譲れるところは譲る」ことをしないと、苦々しい思いが募ることになります。

人とつきあうときは、相手と自分のルールがどんなものなのか、いつも意識しておくようにしましょう。

THE SECRETS OF HUMAN RELATIONS

7章

この「ひと言」で相手の心を動かす

──「6つのマジック・ワード」で対人関係が変わる

人と人との関係は、ほんのちょっとした気遣い、言葉がけしだいで、実り豊かなものにもなれば、一瞬にして枯れてしまうこともあります。

それだけデリケートなものなのです。

そこで紹介したいのが、**「相手の心を動かす六つのマジック・ワード」**です。

①お疲れさま
②よくやってるね、すばらしい仕事をされていますね
③わかってあげられなくてゴメンね
④傷つけるようなことを言っていたら、許してね
⑤大切に思っているよ（愛しています）
⑥ありがとう

この六つさえ覚えておけば、あなたの好感度は上がり、ねじれた人間関係も瞬く間に改善されるでしょう。ぜひ、活用してもらいたいと思います。

①「お疲れさま」

安全で万能、「共感力」が伝わる言葉

日本語の**「お疲れさま」**はとても便利な言葉です。

特別に重労働をしたわけではなかったとしても、「お疲れさま」と言っておくと、相手は気分がよくなります。そこには〝ねぎらいの気持ち〟が入っているからです。

また、「お疲れさま」は、日本語の中でもっとも安全な言葉です。「お疲れさま」と言われて怒る人は少ないでしょう。

たとえば夫婦関係でも、帰ってきたときに「お疲れさま」とパートナーに言われて、イヤな気がする人はいないと思います。

口にするタイミングを外すこともまずないですし、非常に扱いやすい言葉です。何にでも使える〝スーパーワード〟ではないかと思います。

どんなシチュエーションでも使えるパワフルな言葉

また、「お疲れさま」は立体話法的にとらえられる言葉の一つです。

立体話法とは、「何通りにも聞こえる話し方」のことですが、「お疲れさま」と言われたときに、何に対しての「お疲れさま」なのか、相手に選択させる余地があります。

たとえば、夫が妻に「お疲れさま」と言ったときに、言った本人は家事に対して「お疲れさま」と言ったかもしれませんが、妻は料理、あるいは子育てに対して「お疲れさま」と言われたと受け取るかもしれない。

逆も同じです。妻から「お疲れさま」と言われたときに、「仕事を頑張ってくれてありがとう」のお疲れさまととらえることもできるし、「お金を稼いできてくれてありがとう」「私のために頑張ってくれてありがとう」かもしれません。

「自分が一番、ねぎらってほしいと思うところで『お疲れさま』と言ってもらえた」と相手が勝手に思ってくれるので、非常に安全で便利な言葉なのです。

相手が誰であれ、どういうシチュエーションでも使える言葉は、そうありません。困ったときの「お疲れさま」は、人間関係を円滑にしてくれるパワフルな言葉です。

ただ、人によっては、「何のお疲れさまなの？」と突っ込んでくる人もいるので、あらかじめ「何に対してお疲れさまと言うのか」を、はっきりさせておくといいでしょう。そうでないと、ただの安売りに聞こえてしまいます。

できれば、お疲れさまの後に続く「ねぎらいの言葉」も用意しておきましょう。

たとえば、

「お疲れさま。おかげでとってもスムーズにいったよ」

「お疲れさま。君が家事をやってくれているおかげで、いつも家がきれいだね。一分でも早く家に帰りたいっていう気分になるよ」

という言葉を続けましょう。

「おかげで……」に続ける言葉をいつも考えておくといいと思います。

ねぎらいの言葉を上手にかけられるようになると、相手もあなたに自然と「感謝の気持ち」を持ってくれるようになります。そうすると、人間関係も、これまで以上により信頼感に満ちたものになるでしょう。

②「よくやってるね」「すばらしい仕事をされていますね」

相手との間の〝心の壁〟を崩す言葉

39ページで話した通り、人間には「承認欲求」があります。

「よくやっている」「頑張っている」ことに気づいてもらえただけで、とてもうれしいのです。どんなに成功している人でも、**「よくやってるね」**と言われて、うれしくない人はいません。

しかも、「結果」を出したことについてほめられるよりも、目には見えないところでの努力、頑張りに対して「誰かが認めてくれている」という感覚のほうが、その人の自己承認欲求を十分に満たします。

ただし「よくやってるね」と伝えるには、上司から部下へはともかく、部下から上司への場合、多少、かける言葉に工夫が必要です。

たとえば、上司から部下の場合は、「よくやってるね」と言うだけでOK。ちょっとへこんでいるときや、思う通りにいかなかったときに言われると、部下は勇気をもらい、うれしくなるでしょう。

一方で、部下が上司に対して「よくやってるね」と言えば、「お前、誰にものを言ってる?」となるので、アレンジが必要です。そこで、

「いつも気にかけてくださって、ありがとうございます」
「いつも細かいところまで気を配って見てくださって感謝しています」
「指導してくださって、ありがとうございます」

と言えば、「よくやってるね」の「部下から上司バージョン」となります。

ほめられてうれしくない人はいない

「いつも見守ってくださって、ありがとうございます」という気持ちを上司にきちん

と伝えれば、上司は「ボーッとしているようでいて、自分が見ていることをちゃんと知っているんだ」という気持ちになります。そして、「また、もっと励ましてあげよう」となるでしょう。

頑張っていることに対するねぎらいの言葉は、基本的に上司から言われることのほうが多いのですが、もっと部下の立場から発信しないといけません。部下を持っている人に聞いてみると、部下からこうした言葉をほとんど聞いたことがないという人が大半です。

もちろん、上司だって人間です。ほめられて、うれしくないはずがないのです。ポイントは、「ふだん、感謝を伝えていなくて、ごめんなさい。でも、本当は感謝しています」という気持ちを伝えられるかどうかです。

部下からこのような「感謝の言葉」を言われると、上司としてはうれしいものです。そして、夜寝るときに「そういえば、今日、あんなことを言ってくれたな」とじんわり響いてくるのです。

このように、上司と部下の間にあった「心の壁」が崩れてきたら、人間関係がとてもいい雰囲気で構築されていきます。

同じように、夫から妻、妻から夫、親から子ども、子どもから親のバージョンもあります。

夫婦なら、家事や仕事を頑張っていることをお互いにねぎらいましょう。相手が親なら、育ててくれたことに感謝するのです。子どもには、自分の子どもに生まれてきてくれたことに感謝したり、よく頑張っているとほめてあげたりしてください。

大切なのは、言葉だけでなく、本気でそう思っているかどうかです。心から言えるようになるまで、先に一人で練習しておくくらいで、ちょうどいいのです。

要所要所で〝承認〟することが大切

手を抜いて生きている人は誰もいません。端《はた》から見たらグータラな人も、その人なりに頑張っています。それを評価されないと、すごくショックなのです。子どもの頃、「これ、ちゃんとやったの？」

とキツい口調で言われたときに感じた「確かにやっていないけれど、ここまで怒られなくてもいいよな」という感覚とどこか似ています。

これは会社の中でも、よくあることです。

「ええ!?　これだけ売れればいいじゃないですか?」

「ええ!?　これだけ頑張っているのにダメなんですか?」

一所懸命に泳いでいるのに、どんどん沖のほうに流されていくような、「ちょっと待ってくださいよ」と言いたくなる気持ちになるでしょう。

要所要所で「よくやっているね」と言われないと、人は頑張れません。そして自分自身にも「よくやっているね」と言ってあげることです。

人は、自分に厳しすぎる傾向があります。頑張っている人ほど、「いや、もっとできるはずだ!」と自分に批判的になりがちです。

自分を甘やかすぐらいで、バランスがとれるのです。寝る前に、その日一日を思い返し、自分をほめてあげられるところを探しましょう。

たとえば、「今日は、プロジェクトを上手に段取りよく進められた」「取引先の人に、予定より早く見積もりを送った」「母親にメールをしてあげた」など、ちょっとしたことでいいのです。

自分をほめられる余裕のある人は、まわりの人を上手にほめてあげられる人です。

③「わかってあげられなくてゴメンね」

コミュニケーションが円滑になる言葉

多くの場合、私たちは「自分はまわりから理解されていない」と思っています。そこで、まず「自分も相手を理解できていないかもしれない」と、その可能性を認めて、あらかじめ謝る——これができる人は、「とても丁寧な人」だと思われます。

「理解できていなかったら、すみません」

「あなたのことを、ちゃんとわかってあげられなかったら、ゴメンね」

とパートナーや友だちに言える人は、ちゃんとコミュニケーション回路が開いているということを、相手に伝えられます。

奥さんに対して「わかってあげられなくてゴメンね。君は僕にこういうことを言いたいのかな……?」と言えば、「私が言いたいのはね」と説明する余地をあげられます。

もし、このひと言がなければ、相手は「私は理解されていない。私はもう愛されていない」という思いの沼に沈むしかありません。

あるいは、彼に対して「あなたのことを、わかってあげられなくて、ゴメンなさいね。あなたは何て言いたいの?」と言えば、「いや、僕はすごく傷ついていて」「仕事が大きく変化するときで、自信が持てないんだ」というグチが出たりするでしょう。

最初にそういうことを言ってくれていなかったら、「わざわざ言っても、しょうがないな」と思ってしまいます。

どんな人との関係においても、この種のコミュニケーションの取り方は、相手により大きな安心感を与えます。そして、自分の意見や感じていることを素直に言いやすくする効果があります。

この言葉は、仕事でも、セールスでも使えます。

たとえば、お客さんやクライアントのニーズを聞いて、「私の理解が不十分だったら、申し訳ありませんが……」と言って話を続けると、相手はあなたに信頼感を持ちます。一方的に持論を振り回す人ではなく、コミュニケーションを大切にしてくれている人なんだなという印象を受けるでしょう。

この「ひと言」があれば〝半分理解された〟も同然

このように、「あなたのことをわかってあげられなくて、ゴメンなさいね」と言われたら、半分理解されているような気分になるのです。

「わかってあげられなくて、ゴメンなさい」と謝った時点で、「あなたのことを理解したい」という意思表示になります。これで相手のハートがオープンになるわけです。

「わかってあげられなくて、ゴメンなさい」というのは、アレンジの仕方しだいで、すべての人間関係、男女関係、友人関係、上司と部下の関係、そしてセールスにおいても有効に活用できます。

たとえば、お客さんのニーズが理解できなかったら、

「大変申し訳ありません。もう一度聞かせていただけますか」

と言えば、たいていの場合、相手は丁寧に話をしてくれるはずです。それだけで、売上が何倍になることもあります。たえず理解を進めていこうとする態度を、この言葉で示すことができます。

④「傷つけるようなことを言っていたら、許してね」

悪意や危害を加えるつもりがないと伝える言葉

コミュニケーションにおいて、自分が何気なく口にしたひと言で、思いのほか相手が傷ついてしまうことがあります。

そして「その可能性があるかもしれない」と認識している人と、まったく無頓着《むとんちゃく》な人とでは、まわりの人々との関係性がまったく変わってきます。

「傷つけるようなことを言っていたら、許してね」と折りにふれて言われると、「この人は自分に対して悪意や害がない」ということがわかります。少なくとも「この人は安全な人だ」と思ってもらえます。

夫婦関係はもちろん、友人関係、上司と部下の関係で少し面倒なことを言わなくてはならないときも、「君を傷つけているような感じに聞こえていたら、申し訳ないんだけど」とあらかじめ言っておけば、「この人は信頼しても大丈夫な人だ」と思われます。

なぜかというと、ほとんどの人たちが「誰かから攻撃される可能性がある」と思っています。

つまり、世界からやってくるメッセージをネガティブにとらえがちです。そのため、人は身構えながらコミュニケーションしています。

自分から何かを奪おうとしているのではないか、自分を傷つけようとしているのではないか——そんな疑心暗鬼の中で人々は生活しています。

だからこそ、「相手には悪意がない、危害を加えるつもりがない」ということが明確にわかれば、安心できます。

「ゴメンなさい、さっきの言い方、キツかったね」と言えれば、相手のこわばった心が一回クールダウンします。

ただし、どのタイミングで謝るかが大切です。

すぐ謝ってしまう人、謝るのが苦手な人

何かあったときに「すみません」「ゴメンなさい」と、自分が悪くなくてもつい謝ってしまうクセがある人がいます。一方で、自分が悪いのに、あたかも自分の過ちでなかったかのごとく振る舞う人がいます。

気をつけて見てみると、まわりの人がこのどちらかに当てはまることがわかります。あなたはどちらのタイプですか？

ポジティブ思考が過ぎる人は、あまり謝らない傾向があります。何でもプラス思考で見がちなので、「ゴメンなさい」という言葉がなかなか出てこないのです。

ある人が、約束の時間に十五分遅れました。普通なら「ゴメンなさい」と言うシーンですが、「結果オーライということで、気にしないで」とニコニコ笑って言ったそうです。

待たされたほうはさすがにカチンときて、ちゃんと謝ってほしいと伝えたそうです。でも、言われた当人は、全然ピンときていなくて、「それぐらいのこと、気にしない

ほうがいいよ」とアドバイスをしてきたので、あきれたそうです。

ふだん、自分の感情をあまり感じないようにして生きている人は、謝り慣れていない人が多いようです。そのため上手に謝ることができないのです。

そういう人は、自分が謝ったときに「なんか気持ちが悪い。調子が狂う」というような感覚があります。

謝ることの少ない人が、突然「もし傷つけてしまっている可能性があったら、ゴメンなさい」という言葉を口にしたことがあれば、親しい人は鮮明に覚えているはずです。

「ええ!? この人でも謝るんだ」と意外に思い、その人のことをこれまでより近く感じるようになるでしょう。

⑤「大切に思っているよ（愛しています）」

深い「安心感」を感じさせる言葉

欧米では、「I Love You」という言葉をよく口にします。

でも、日本では「愛している」というセリフは、夫婦の間でもほとんど言いません。結婚する前の超ラブラブのときであれば言うかもしれませんが、それでも、その後もずっとそう言い合っているカップルは、少数です。

ふだん言わないのに、いきなり「愛している」と言ったら、言われたほうは驚いて、引いてしまうでしょう。

そこで考えたマジック・ワードが、**「あなたのことを大切に思っているよ」**です。

この言葉であれば、ちょっと勇気を出せば、どんな日本人でも抵抗感なく言えるのではないでしょうか。大事なのは、あなたの気持ちを言葉にのせることです。

■「あなたのことが大事」というメッセージを上手に伝えるには

上司から部下の場合は、バリエーションが多少必要です。

「君のことをすごく大切な人材だと思っている」

と言えば、部下はすごくほめられた感じがします。

部下から上司に対しては、

「○○さんみたいな人のもとで働けて光栄です」

「○○さんみたいな人と一緒にプロジェクトに参加できて、すごくうれしいです」

「この課に配属されたことを非常にラッキーに思っています」

と言ってみる。

「あなたのことが大事ですよ」というメッセージを常に発信できるかどうかが、人間関係が上手になっていく大きなポイントだと思います。

夫婦関係でも、できれば、朝「愛しているよ」「大切だよ」と言いながら、お互いをハグしてスタートできたら最高です。

我が家では、朝必ず、家族全員でハグをしてから、一日をスタートさせています。

それをやるのとやらないのとでは、パワーがまったく違ってきます。
「家族に愛されているんだ」と思えるのと、「愛されているのかどうか、わからない」と感じているのとでは、心の安定感も違ってくるでしょう。

相手が家族、友人、職場の人でも、縁あって一緒にいる人に感謝できれば、それだけで、あなたは幸せに一歩近づいたと言えます。そして、そのことをしっかり表現して相手に伝えることができたら、相手もあなたに同じような気持ちを抱いてくれる可能性が増えます。人間関係は、鏡のように、お互いの気持ちを映し合うものだからです。

職場でも「一緒に働けることに感謝しています」と口に出して言うところから、ぜひスタートしてみてください。最初は、口べたでうまく伝わらないかもしれませんが、何かは伝わるはずです。それがきっかけとなって、今まで以上に相手とよい関係になることは、間違いないでしょう。

日常生活の中で、相手を大切に思っていることを伝えたくなれば、しめたものです。なぜなら、あなたが人間関係で、**「感謝のサイクル」**に入ったことを意味するからです。

⑥「ありがとう」

今ある「縁」に感謝し、未来が広がる言葉

どんなときも「ありがとう」と言うことは、とても大切です。

どんな人も「ありがとう」に飢えています。この世界には、「ありがとう」を十分に言ってもらっていない人がたくさんいるのです。日常的に「ありがとう」を言う人は、より幸せに、より健康になるというデータもあるくらいです。

大切なのは、**何かあったときに、すぐに「ありがとう」と言えるような心の状態でいられるかどうか**です。

自分がイライラしていたり、人生に絶望していたりするときは、「ありがとう」とは、なかなか口に出せないものです。ふだんから、感謝できるような心の状態でいられるかが、最初の関門かもしれません。ちょっとしたことに感謝できるような感性を持ちたいものです。

「今、このタイミング」というすばらしさ

前にも書いた通り、この地球上には、七十億もの人類がいるのに、そのときどきでつきあいがあるのは、せいぜい三十人から五十人、多い人で百人くらいです。何十億年の地球の歴史で、この同じ時期に、同じ国に生まれ、親しくなり、手紙やメールのやり取りをしたり、一緒に仕事をしたりするのは、奇跡的なことです。

そういう「縁」に感謝できるか、あるいは、「なんで、こんな人たちと自分はいるんだろう」と運命を呪うかで、感じ方はまったく違ってきます。

いずれ「縁」がなくなる可能性はあるかもしれませんが、今、この時点では一緒にいるのです。それに対して、心から本当に「ありがたい」と思える人は、人間関係が上手に結べる人です。

「ありがたい」と思えない人は、どこに行っても、どんな組織に行っても、どれだけすばらしいグループに入っても、やはり苦しむのではないでしょうか。

「ありがとう」を積極的に使っていきましょう。

THE SECRETS OF HUMAN RELATIONS

まとめ

「いつも好かれる人」になる17の心得

それでは、最後に、すぐに使えるノウハウをもう一度おさらいしましょう。

これからお話しする十七項目は、本書にくり返し出てきていますが、実際に上手に使いこなすには、練習が必要です。

すぐにできるとは思わないほうが現実的です。

あなたの人生で、ぜひ一つひとつ実践してみてください。

1 人間関係を大切にすると決める

「あなたの人生で、もっとも大切なものは何ですか?」と聞かれたら、家族と答える人が多いと思います。けれども、実際に時間とエネルギーを何に使っているかを見てみると、仕事や家事、趣味だったりします。

本書を読んで、「人間関係の大切さ」をあなたは感じているかもしれません。あなた自身の幸せのためにも、「今ある人間関係を大切にすると決める」。それが最初のステップです。

2 イライラしたときは深呼吸する

どれだけ頭で理解できたとしても、イライラするときは、誰しもあります。そんなときは、とりあえず、深呼吸です。一回で収まらない場合には、二度、三度とするといいでしょう。そのうちに、最初に感じていたイライラ指数は、半分以下に下がってくるはずです。ちょっと落ち着いてから、その問題に対処していけばいいのです。

3 変な人を〝探偵〟か〝セラピスト〟のように理解する

本書の中でもいろいろと解説しましたが、あなたのまわりにも、きっと一人や二人は、変な人がいるはずです。そういう「ちょっと常識から外れている人」と出会ったら、絶滅危惧種の動物を見つけたかのように、喜びましょう。

彼らの生態を観察し、なぜそのような言動を取るのか、観察してみてください。探偵かセラピストのような感性で見ると、まったく違った視点から、彼らを見ることができます。きっと、おもしろい発見ができることでしょう。

4 不安の霧を晴らす

人生を大きく蝕《むしば》むものに、不安があります。お金や将来への不安から、思い切った行動に出られない人がたくさんいます。自分のやりたいことをやる、好きな人に告白する、引っ越しをするなど、不安を感じていたら、できないことばかりです。

また、漠然とした不安を抱えている状態が、人生でもっともエネルギーが浪費される状態です。車でいうと、アイドリング状態と言えます。

自分が何に対して不安を感じているのかを明確にして、本当にやりたいことに意識をフォーカスしてみてください。

5 心配をワクワクに変える

同じように「心配」も、人生を台無しにするエネルギーです。なぜなら、どれだけ心配しても、何も生まれないからです。ただあなたの生命力が奪われるだけで、「いいこと」はほとんどありません。

冷静に見ると、「心配」と「ワクワク」は同じエネルギーです。「心配」は未来への怖れですが、その分だけ、「ワクワク」してもいます。変化というものは、いつもちょっと怖いものです。だから、その怖さを感じた上で、「退屈」と「ワクワク」と、どちらを選びたいか、考えてみましょう。

そして、退屈な人生から抜け出すために、心配のエネルギーを上手に使ってみましょう。

6 人を喜ばせる

人間関係を円滑にする一つの方法は、人を喜ばせることです。誰かを喜ばせると、その人は、あなたのことが好きになります。そして、あなたのことを喜ばせてあげたい、あなたの役に立ちたいと思うようになります。

あなたが、これからつきあう人すべてをワクワクさせ、楽しませるようになると、同じように彼らも、あなたの人生をよくしたい、あなたの人生に貢献したいと考えるようになります。

人生でもっとも楽しいことは、誰かを喜ばせることです。機会を見つけて、どんどん人を喜ばせるようにしましょう。

7 誰かと一緒に楽しいことをする

人間関係を深めるには、一緒に楽しいことをするのが一番です。

それは、食事をすることかもしれませんし、旅行に出ることかもしれません。映画や劇、ショーを見たりするのも、感動を分かち合うという意味では、すばらしいことです。

また、一緒に物をつくったり、料理をつくったりできれば、絆は深まります。あなたがやっていて楽しいことを、ぜひ大好きな人と一緒にやってください。きっと、これまで以上に「いい関係」が築けるでしょう。

友人や家族と過ごす楽しい時間は、あなたの人生でも、もっとも輝く瞬間です。

8 人のイヤな部分を受け入れる

人間関係がうまくいかなくなるのは、相手の振る舞いを受け入れないからです。たとえば、「挨拶しなかった」とか「礼儀がなっていない」「いつもひと言、余計だ」などといったところで、相手を許せなかったりします。

夫婦でもそうですが、相手の〝イヤな部分〟を受け入れないと、関係は長続きしません。相手のどういうところが嫌いで受け入れがたいのか、見てみましょう。きっと、あなたにも同じような部分があって、自分でその部分を受け入れられていないのではないでしょうか。時間を取って、まわりの人のどういうところが受け入れられないのか、書き出してみるとおもしろいと思います。

9 弱音を吐く

ポジティブなだけのつきあいは、どこか上《うわ》っ面《つら》だけで終わってしまいます。人生では、前向きなだけでは解決できない問題もたくさんあります。

思ったように事業が展開できなかったり、自分や家族の病気、お金の問題があったりします。

そういうときに、いいところだけを見せて、ポジティブにつきあうこともできますが、弱音を吐いてみると、意外に関係がぐっと近くなったりします。

夫婦のコミュニケーションがうまくいかないことを吐露すると、相手も「実はうちも……」などということになって、急接近したりすることがあるのです。

10 相手の感情を想像する

相手の感情を理解するのは、人間関係の基本ですが、私たちは、ほとんどの場合、それをあまりやりません。相手がイライラしたとき、「ちょっと迷惑だなぁ」と感じることはあっても、なぜそうなったのか、想像力を働かせることは、しないのが普通です。

相手のことを理解するためにも、「なぜ、相手はそういう感情を抱くようになったのか」を想像してみましょう。それによって、きっと相手のことがもっとわかるようになると思います。

11 お互いの共通点を見出す

人間関係が深まるのは、お互いの「共通点」が見つかったときです。

たとえば、同郷だった、同じ小学校、中学校、高校、大学の卒業生だった、同じ会社に勤めていた……と、共通する何かを見つけたとき、その人に対して、親近感を持ちます。

逆に、共通点をどんどん見つけていけば、その人と親しくなれるとも言えます。

左利きだった、昔、寮生活をしたことがある、学生時代にモテなかったなど、そんなちょっとしたことでも、共通点がいくつか見つかると、楽しくなってきます。それが、〝変わったところ〟であればあるほど、距離は近くなります。

どんな人とも「共通点」を見つけるようにしてみましょう。

12 自分の感情をもっと表現する

あなたは、どれだけ「自分の感情」を表現していますか？

あなたが理性的なタイプなら、あまり喜怒哀楽を表現していないのではないでしょうか。人は、感情を表現する人を「ちょっと面倒くさい人」だと感じながらも、どこかでうらやましく思っています。それは、私たちのほとんどが表現下手だからです。

ふだんより、ちょっと大げさなくらい喜んだり、悲しんだりしてみましょう。自分の感情を表現すればするほど、あなたの人間味は増します。

うれしいとき、悲しいとき、あなたはふだん、どのような形でそれを表現していますか？

13 相手を責めない

それが夫婦関係であれ、友人との関係であれ、仕事上の関係であれ、関係を悪くしたければ、相手を責めることです。相手がやったこと、やらなかったことを責めさえすれば、きっと相手もイライラして反撃してくるでしょう。

逆に言うと、相手を責めさえしなければ、それほど関係は悪くなりません。最近、誰かを責めたくなったのは、どんなシチュエーションでしたか?

そのとき、なぜ責めたくなったのでしょう?

「自分は正しい」ということを証明したいとき、相手を責めたくなります。「自分が正しい」をあなたは手放せるでしょうか。

14 過去の未処理な感情と向き合う

誰かとの関係で、イライラしたり、怒りや悲しみが出たりしたとき、それは「その人のせい」ではありません。昔、あなたの人生で起きた出来事が思い出されただけです。上司に仕事が不十分だと言われたときに悲しくなるのは、子ども時代に、母親にテストの点のことで叱られた思い出と直結するからです。

夫婦ゲンカの多くも、子どもの頃に家族内で起きたドラマで受けた〝痛み〟を相手が思い出させたときに起きがちです。過去のことで、〝未処理な感情〟があれば、それを癒しましょう。

15 家族関係を癒す

家族関係は、あなたの「人生の原型」をつくっています。つまり、家族との間で、過去にトラブルや軋轢がある場合、それは何らかの形で出てくるということです。父親や母親とうまくいっていない人は、上司との間にそれが起きがちです。また、兄弟姉妹とうまくいっていない人は、同僚や先輩後輩とのトラブルを引き起こしてしまいます。

自分の昔の家族関係を見てみましょう。そして、何か課題がある場合は、その本人と解決してください。自分と家族との間で何が起きたのかを見て、その関係を癒しましょう。相手が亡くなっている場合は、その人に出すつもりで手紙を書いてみましょう。

16 人のつながりを意識する

人間関係は、人と人がつながって生じます。逆に言うと、誰とも関係が希薄な場合、人間関係の問題は起きません。コンビニの店員さんと人間関係が築かれないのと同じです。でも、人間として生きていく以上、何らかの関係は発生します。よほど引きこもった生活をしていなければ、何かしらの関係は自然にできているのです。

それを大切にしようと意識することで、あなたは、世界とつながっていることを実感することになります。

そして、私たちは、そうした〝つながり〟の中で、安心感を得るのです。

17 感謝を伝える

「人間関係で一番大切な言葉は」といえば、それは、「ありがとう」でしょう。あなたの世界を構成している三十人に対して、「ありがとう」と言えるかどうかで、人生の豊かさは決まります。

彼らが自分の人生にいてくれることに、深く感謝しているでしょうか。あなたが、彼らに対して感謝していたら、それは自然とまわりに伝わるので、同じように感謝が返ってきます。逆に、あなたがまわりに対してイライラしていると、彼らもあなたにイライラすることになります。

幸せな人の人生には、感謝がいっぱいです。ちょっとしたことにも、感謝してみましょう。そして、縁があった人には、あなたなりの形で感謝を表明しましょう。

それを続けていると、きっと、あなたの人生は信じられないくらい素敵なものに変わっていきます。


ざっと「十七のこと」を見てきましたが、いかがでしたか?

あなたの人間関係は、あなたの「器」のレベルまでしかよくなりません。すばらしい関係を持ちたければ、あなたからアクションを起こしてください。

与えたものは、必ず返ってきます。それが、人間関係だけでなく、この世界の法則だからです。これから、あなたは、まわりの人に何を与えますか?

エピローグ……

人に好かれることは、とても大事
人を好きになることは、もっと大切

本書を最後までお読みいただいて、ありがとうございました。あなたが、一冊の本を読む時間を取ってくださったことに、著者として心から感謝申し上げます。

人間関係をテーマにしましたが、いかがだったでしょうか？

私は、人に好かれることとは、とても大事だと思っていますが、同時に、**人を好きになることは、もっと大切**だと考えています。

幸せの条件として、「愛のある人間関係」があります。

誰かが好きで、その人も、あなたのことを好きになっているとき、他に何もなくても、幸せになれます。

それは、心がオープンになるからです。

残念ながら、多くの人は、そういう人間関係を持っていません。夫婦や親子でさえ、相手が自分のことを大切に思っているかどうか、不安に感じていたりします。それは、「大切に思っている」とか「愛している」ということを口に出して言わないからです。

本書では、人間関係の本質に迫りながらも、明日から使える実践的なノウハウをたくさん入れました。ぜひ、明日からの毎日の生活に使ってみてください。

その効果に、きっと驚くことになるでしょう。

あなたがこの本を読んだとき、何人もの顔が浮かんだことと思います。「あの人に、この一行を読ませたい！」と、心の中でアンダーラインを引いたかもしれません。

ですが、実はそれは、この本の読み方ではありません。

一番いいのは、**あなたのパートナー、上司、部下の人が読んだとき、あなたのためにアンダーラインを引いたであろう箇所を想像しながら読むこと**です。

そのことを念頭において、もう一回、この本を読んでみてください。すると、これまでと違ったものが見えてくるはずです。

彼らが、あなたが読むべきだと考えたかもしれない箇所はどこでしょう？

自分には感謝が足りないのかな、と思ったら感謝しましょう。謝るのが足りないと思った人は、小さなことでもいいので、謝りましょう。

この本では、人間関係についてずっとお話ししてきましたが、人は「陰」と「陽」が統合されて、はじめてバランスが取れ、幸せになれます。

人間関係で言うと、男性と女性、ポジティブな人とネガティブな人が、お互いを尊敬し合い、受け入れ合うということです。

お金のある人・ない人、才能のある人・ない人、走るのが速い人・遅い人、これら全員がお互いを尊重し合えるかどうかです。

自分の「才能」の中に「人生の目的」が隠されているように、「人間関係」の中に、**その人の「人生の課題」が全部入っています。**

人間関係では、イヤなこともよく起きますが、楽しいこと、うれしいこともいっぱいあります。面倒くさがらずに、ぜひ人間関係を広げてください。

「未来を選ぶ」のは、あなたです。

この本の最後に伝えたいことは、**すべての人が一〇〇%、「自分の未来を決める力」を持っている**ということです。

人間関係についても同じことが言えます。あなたの理想の関係をつくってください。

八ヶ岳　森の書斎にて

本田健

本書は、小社より刊行した単行本を文庫化したものです。

なぜ、あの人《ひと》はいつも好《す》かれるのか

著者　本田　健（ほんだ・けん）
発行者　押鐘太陽
発行所　株式会社三笠書房
〒102-0072 東京都千代田区飯田橋3-3-1
電話　03-5226-5734（営業部）03-5226-5731（編集部）
http://www.mikasashobo.co.jp
印刷　誠宏印刷
製本　ナショナル製本

 ISBN978-4-8379-6919-8 C0130

王様文庫

王様文庫

ずっとうまくいく人の習慣

本田　健

ひとつ試すごとに「生き方上手」になっていく！　◎「生き金」を楽しんで使う　◎「運がよかったこと」を思い出す　◎「薪」をくべ合うから、関係も暖かくなる　◎なんでも「短時間で仕上げるクセ」をつける……人生に、素敵なことをたくさん起こそう！

やたらとお金が貯まる人の習慣

本田　健

「何があっても、だいじょうぶ」な人生のために──「好きなこと」「やりたいこと」が、あなたを驚くほど豊かにする！　◎「やり方一つ」で数十万円の収入が数百万円に！　◎自分だけでなく、周囲も幸せにしてしまうお金の使い方　◎「蓄財の神様」が実践していたこととは？

気くばりがうまい人のものの言い方

山﨑武也

「ちょっとした言葉の違い」を人は敏感に感じとる。だから……　◎自分のことは「過小評価」、相手のことは「過大評価」　◎「ためになる話」に「ほっとする話」をブレンドする　◎「なるほど」と「さすが」の大きな役割　◎「ノーコメント」でさえ心の中がわかる

K30503